Henning Bässmann
Philipp W. Besslich

Konturorientierte Verfahren in der digitalen Bildverarbeitung

Mit 110 Abbildungen

Springer-Verlag Berlin Heidelberg New York
London Paris Tokyo 1989

Dipl.-Ing. Henning Bässmann
Prof. Dr.-Ing. Philipp W. Besslich

Universität Bremen, FB-1
Institut für Theoretische Elektrotechnik
und Digitale Systeme
Postfach 330440
2800 Bremen

ISBN-13: 978-3-540-50772-7   e-ISBN-13: 978-3-642-95585-3
DOI: 10.1007/978-3-642-95585-3

CIP-Titelaufnahme der Deutschen Bibliothek
Bässmann, Henning:
Konturorientierte Verfahren in der digitalen Bildverarbeitung /
Henning Bässmann; Philipp W. Besslich. –
Berlin; Heidelberg; NewYork; London; Paris; Tokyo: Springer, 1989
  ISBN-13: 978-3-540-50772-7

NE: Besslich, Philipp W.:

2068/3020-543210 – Gedruckt auf säurefreiem Papier

Vorwort

Die automatische Segmentierung von Bildern durch einen Computer ist eine
zentrale Aufgabe der digitalen Bildverarbeitung. In diesem Verfahrensabschnitt werden Objekte voneinander bzw. vom Hintergrund getrennt. Derartige Problemstellungen kommen in fast allen Anwendungen der Bildverarbeitung vor. Grundsätzlich kann man die Aufgabe der Segmentierung
mit Hilfe von flächenorientierten oder konturorientierten Verfahren lösen.
Während erstere von Flächen gleichen Grauwertes, gleicher Farbe oder gleicher Textur ausgehen, benutzen letztere den Gradienten der Grauwerte, um
die Konturen von Objekten zu extrahieren. Das vorliegende Buch ist ausschließlich den konturorientierten Verfahren gewidmet.

Aufgrund der ständig wachsenden Bedeutung bildverarbeitender Verfahren
scheint eine zusammenfassende Darstellung dieser Problematik angebracht,
insbesondere weil die Quellen hierzu in der Literatur weit verstreut sind.
Bei der Ausarbeitung des Stoffes haben wir Wert auf eine kompakte Darstel-
lungsweise gelegt. So wurde auf allgemeine Ausführungen zur digitalen Bildverarbeitung weitgehend verzichtet. Dadurch war es möglich, die wichtigsten
Verfahren zur Konturextraktion auf knappem Raum darzustellen.

Vorgestellt werden die gängigsten Methoden der digitalen Bildverarbeitung,
die geeignet sind, um Konturen von Objekten in einem Grauwertbild durch
Geradenstücke zu repräsentieren. Die meisten der hier vorgestellten Verfahren sind aus der Literatur bekannt, allerdings oft nur unzureichend beschrieben. Diesem Mangel abzuhelfen ist Ziel des vorliegenden Buches: Für
jedes Verfahren ist ein ausführliches Beispiel vorgesehen, das ohne Rechner-
hilfe nachvollzogen werden kann.

Einige Methoden sind von rein empirischer Art, andere erfordern weniger
bekannte mathematische „Handwerkszeuge". Diese sind in den Anhängen
soweit erläutert, wie es für ihre Anwendung erforderlich ist.

Das Buch wendet sich insbesondere an Praktiker, die vor der Aufgabe stehen, für spezielle Anwendungsfälle Lösungen mit Hilfe der digitalen Bildverarbeitung zu finden sowie an Studenten, zu deren Fachausbildung die digitale Bildverarbeitung zählt. Anwendungsbezogene Problemlösungen zeigen wir allerdings in diesem Buch nicht auf. Angesichts des „state-of-the-art" der Bildverarbeitung ist solches nicht möglich: Für jeden Anwendungsfall muß derzeit eine individuelle Lösung gefunden werden. Wir verzichten aus diesem Grunde auch auf das Vergleichen von Verfahren mit dem Ziel herauszufinden, welches nun das „beste" sei.

Bereits beim ersten Durchblättern des Buches wird dem Leser das fast gänzliche Fehlen von Grauwertbildern auffallen, z.B. von Fotos, aus denen Konturen zu extrahieren wären. Wir verzichten auf sie, da der menschliche Betrachter in ihnen wesentlich mehr sieht als der Computer. Für diesen ist ein Grauwertbild schließlich nichts anderes als ein Integer-Feld. Daher stellen wir Bilder auch nur als Integer-Felder dar. Die Beispiele sind aus Gründen der Übersichtlichkeit und der Nachvollziehbarkeit einfach gehalten, auch auf die Gefahr hin, daß sie die Leistungsfähigkeit der Verfahren nur eingeschränkt widerspiegeln.

Die Aufarbeitung des Stoffes zu diesem Buch stand ursprünglich in Zusammenhang mit dem BMFT-Verbundprojekt „Familie schneller Bildverarbeitungsrechner", von dem eine Teilaufgabe am „Institut für Theoretische Elektrotechnik und Digitale Systeme" der Universität Bremen (Fachbereich 1) durchgeführt wird. Die Verfasser danken ihren Projektpartnern bei der Firma Krupp Atlas Elektronik, Bremen, deren Förderung die Veröffentlichung des vorliegenden Buches ermöglichte. Wir danken ferner dem Springer-Verlag für die zügige Herausgabe des Buches.

Bremen, im Februar 1989   H. Bässmann   Ph. Besslich

Inhaltsverzeichnis

1 Überblick Bildverarbeitung

Die digitale Bildverarbeitung ist ein relativ junges Fachgebiet, dessen Wurzeln in der Signalverarbeitung liegen. Zur Gewinnung von Aussagen über den Inhalt eines Bildes (Bildverstehen) werden Methoden der „Künstlichen Intelligenz" herangezogen. Innerhalb dieses breiten Spektrums konzentriert sich das vorliegende Buch auf den Bereich der Konturextraktion. Zur Einordnung dieses Bereiches sei im folgenden ein kurzer Überblick gegeben.

Allgemein zeichnet sich das Gebiet der digitalen Bildverarbeitung durch eine verwirrende Vielfalt von Methoden und Verfahren aus. Auf wissenschaftlicher Ebene muß das Fehlen eines geschlossenen Theoriegebäudes vermerkt werden. Man findet hier ein Konglomerat diverser Verfahren vor, die oftmals lediglich Variationen bereits bekannter Vorgehensweisen sind.

Es wird mit Bildern unterschiedlicher Art gearbeitet. Sie können z.B. *farbig* oder *monochrom* sein. Farbbilder sind i.a. realisiert als drei monochrome Bilder für die Grundfarben Rot, Grün und Blau. Die Bildpunkte können unterschiedliche Helligkeitsstufen, die sog. *Grauwerte*, annehmen. Im Extremfall handelt es sich lediglich um die beiden Stufen schwarz und weiß. Man spricht dann von einem *Binärbild*. Im Gegensatz dazu umfaßt ein typisches Grauwertbild 64 bis 256 Stufen. Die Untersuchung dynamischer Szenen erfolgt mit Hilfe von *Bildfolgen*.

Hinsichtlich der Anwendungsgebiete sind zwei Hauptströmungen erkennbar. Die *Bildaufbesserung* unterstützt den Menschen bei der Auswertung von Bildern. Die hierfür verwendeten Algorithmen sind langsam, erlauben aber vergleichsweise differenzierte Verfahren. Typische Anwendungen findet man in der Medizin und der Erdfernerkundung. Die interpretierende *Bildauswertung* fordert in den meisten Fällen eine schnelle Bearbeitung durch Maschinen. Dieses ist bisher nur in recht eingegrenzten Anwendungsfällen möglich, wobei derzeit i.a. mit Binärbildern Vorlieb genommen werden muß. Die Tendenz zur Grauwertverarbeitung ist aber auch hier klar erkennbar. Die dazu notwendige Rechenleistung ist erheblich. Typische Anwendungen findet man

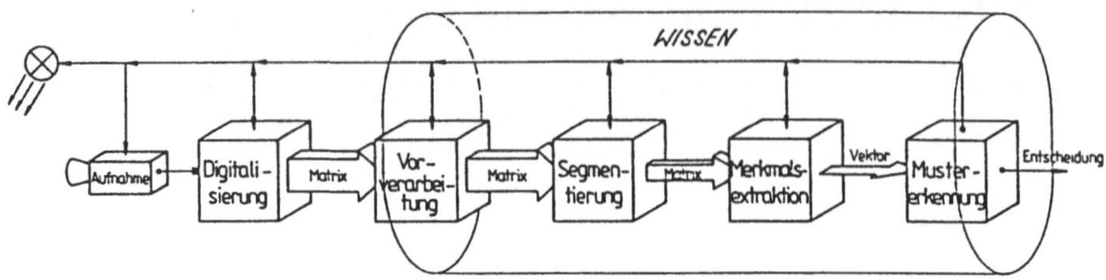

Bild 1.1. Typische Kette von Verarbeitungsschritten

in der industriellen Automatisierung (Qualitätskontrolle, Robotersteuerung,
etc.), sowie in der Medizin.

Nach der Vorstellung der Bildverarbeitungsumgebung, folgt nun ein kurzer
Überblick über die eigentliche Bildverarbeitung. Weitergehende Beschrei-
bungen bieten die im Literaturverzeichnis dieses Kapitels aufgeführten Bü-
cher ([1.1] bis [1.12]). Bild 1.1 zeigt die typischen Komponenten eines solchen
Systems. Dabei werden zweidimensionale Grauwertbilder zugrunde gelegt.

Die Bildverarbeitung beginnt mit der *Digitalisierung* des von der Kamera
aufgenommenen Bildes. Dazu erfolgt eine örtliche Abtastung nach N Zeilen
und M Spalten, d.h. man hat $N \times M$ Bildelemente (picture elements, pixel).
Die Anzahl von Zeilen und Spalten bestimmen also die Ortsauflösung. Ein
weitverbreiteter Wert ist 512×512. Jedem Pixel eines Grauwertbildes ist eine
Luminanz zugeordnet. Üblicherweise werden 256 Helligkeitsstufen vorgesehen. Diese lassen sich durch ein Byte darstellen. Damit benötigt ein Bild
normaler Auflösung 256 kByte.

Die *Vorverarbeitung* umfaßt drei Bereiche: Geometrische Entzerrung, Bildverbesserung und Bildrestaurierung. Ein typisches Anwendungsgebiet der
geometrischen Entzerrung ist die Kartografie. Typische Operationen der
Bildverbesserung sind Histogrammodifikationen, Kompensation von Kame-
rainhomogenitäten, Glättung, usw. Bildrestaurierung ist z.B. notwendig,
wenn Bilder über gestörte Kanäle übertragen werden. Am Ende der Vorverarbeitung steht wieder eine Bildmatrix zur Verfügung, die sich hinsichtlich
der in ihr enthaltenen Datenmenge kaum von der ursprünglichen Bildmatrix
unterscheidet. Die zur Vorverarbeitung notwendigen Operationen können
grob in drei Klassen eingeteilt werden:

(1) Punktoperationen, bei denen der neue Grauwert eines Pixels nur vom
    alten abhängt (z.B. Histogrammodifikation, Schwellenoperation),

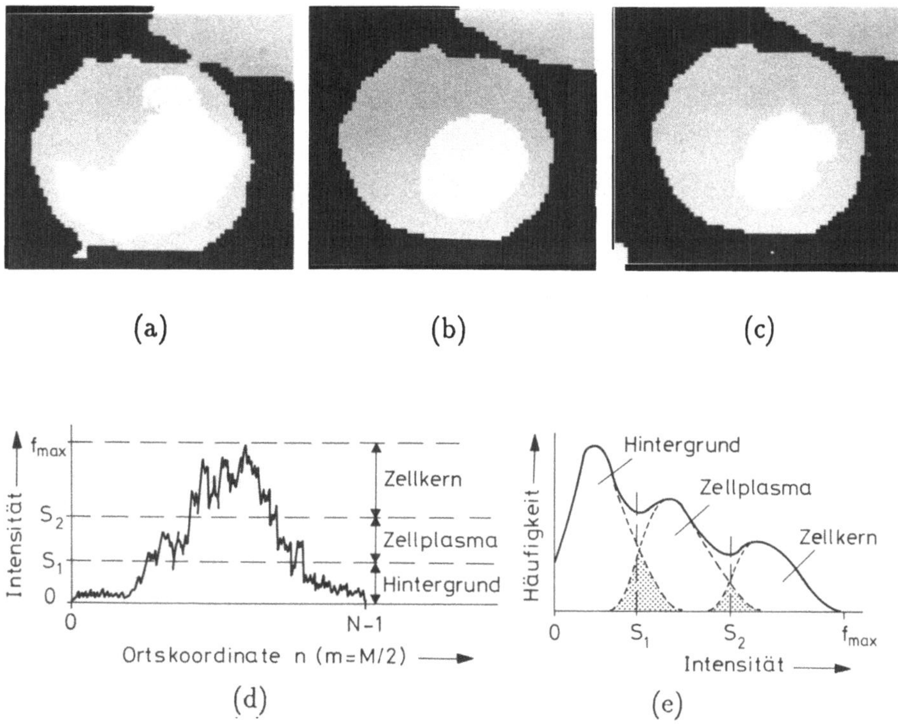

Bild 1.2. Durch Schwelle segmentiertes Zellbild, (a) Schwelle zu niedrig, (b) Schwelle gut plaziert, (c) Schwelle zu hoch, (d) Intensitätsprofil, (e) Histogramm [1.11]

(2) lokale Operationen, bei denen alle innerhalb eines Fensters um das aktuelle Bildelement liegenden Pixel zu dessen neuem Wert beitragen (z.B. Gradientenmasken, Glättungsoperationen) und

(3) globale Operationen, bei denen der neue Grauwert jedes Pixels von allen anderen Bildelementen abhängt (z.B. Fourier-Transformation).

Naturgemäß steigt die Signifikanz einer Operation mit der Größe des Operatorfensters. Gleichzeitig steigt natürlich auch die für die Operation benötigte Rechenzeit stark an. Im Hinblick auf kurze Verarbeitungszeiten benutzt man deshalb oft nur die vier unmittelbaren Nachbarn des aktuellen Pixels (4er-Nachbarschaft) oder ein 3 × 3 Pixel großes Fenster, in dessen Mitte das aktuelle Pixel liegt (8er-Nachbarschaft).

Die *Segmentierung* zerlegt das Bild in Regionen, die (hoffentlich) bedeutungsvoll sind. Bild 1.2 zeigt das Beispiel eines Zellbildes. Hier sind drei Regionen, nämlich Hintergrund, Zellplasma und Zellkern zu unterscheiden. Das geschah in diesem Fall mit Hilfe konstanter Schwellwerte.

Lassen wir uns aber nicht durch Bild 1.2 täuschen. Für uns sind die drei Regionen eindeutig getrennt und werden daher aufgrund unseres Vorwissens augenblicklich bewertet und eingeordnet. Für die Maschine handelt es sich aber nach wie vor um eine Matrix, in der die segmentierten Regionen durch Integer-Zahlen dargestellt sind (z.B. Hintergrund 0, Plasma 1 und Kern 2). Die Form der Regionen wird nun mit Hilfe der *Merkmalsextraktion* analysiert. Typische Merkmale sind Flächeninhalt, Massenschwerpunkt, Konturlänge u.a. Die Ergebnisse der Merkmalsextraktion werden in Vektoren, Listen, Bäumen oder ähnlichen Strukturen an die folgende Verarbeitungseinheit übergeben.

Die *Mustererkennung* dient der Klassifikation der im vorhergehenden Schritt ermittelten Merkmale. Ein einfaches Beispiel ist die Einordnung von Zellbildern in „gesund" oder „krank". In diesem Fall hätte eine Datenreduktion von 256 kByte auf 1 Bit stattgefunden.

Bisher wurde der Bildverarbeitungsprozeß lediglich „unidirektional" betrachtet. Es kann aber recht vorteilhaft sein, eine *Rückkopplung* vorzusehen. Hat z.B. der Klassifizierer Probleme mit der Merkmalseinordnung, so kann er die Kamera zu einer Positionsveränderung veranlassen, um die Szene aus einem veränderten „Blickwinkel" zu betrachten. So geht auch der Mensch vor, wenn er ein ihm unbekanntes Objekt untersucht. Dieser Vorgang erscheint zwar recht einfach, ist für eine Maschine aber ausgesprochen schwer realisierbar. Dementsprechend befindet sich das Gebiet der Rückkopplung vorerst im Diskussionsstadium.

Die Einbindung von *Wissen* bzw. *Modellen* ist im Bereich der Mustererkennung evident. Die *modellgestützte* Segmentierung und Merkmalsextraktion dagegen, steckt noch in den Kinderschuhen. Dabei handelt es sich hierbei um ein Gebiet von außerordentlicher Wichtigkeit.

Vorverarbeitung, Segmentierung und Merkmalsextraktion werden oftmals unter dem Begriff *ikonische* Bildverarbeitung zusammengefaßt. Der nachfolgende Schritt der Mustererkennung heißt dann *symbolische* Bildverarbeitung. Andere Nomenklaturen fassen die Schritte Segmentierung und Merkmalsextraktion unter letzterem Begriff zusammen und trennen damit die Ikonik in die zwei Verarbeitungsschritte: Vorverarbeitung und Merkmalsextraktion.

Das vorliegende Buch schließt sich der letztgenannten Nomenklatur an und konzentriert sich im übrigen auf die sog. *konturorientierten* Verfahren der Merkmalsextraktion. Einen einführenden Überblick über diese Verfahren bietet das folgende Kapitel.

Literatur zu Kapitel 1

[1.1] Ballard, D.H.; Brown, C.M.: Computer vision. Englewood Cliffs: Prentice-Hall 1982

[1.2] Castleman, K.R.: Digital image processing. Englewood Cliffs: Prentice-Hall 1979

[1.3] Duda, R.O.; Hart, P.E.: Pattern classification and scene analysis. New York: Wiley 1973

[1.4] Gonzalez, R.C.; Wintz, P.: Digital image processing, 2nd edn. Reading MA, London: Addison-Wesley 1987

[1.5] Haberäcker, P.: Digitale Bildverarbeitung. München, Wien: Hanser 1985

[1.6] Hall, E.L.: Computer image processing and recognition. New York: Academic Press 1979

[1.7] Kazmierczak, H. (Hrsg.): Erfassung und maschinelle Verarbeitung von Bilddaten. Berlin, Heidelberg, New York, Tokyo: Springer 1980

[1.8] Niemann, H.: Pattern analysis. Berlin, Heidelberg, New York, Tokyo: Springer 1981

[1.9] Pratt, W.K.: Digital image processing. New York: Wiley 1978

[1.10] Rosenfeld, A.; Kak, A.C.: Digital picture processing, Vol.1&2. New York: Academic Press 1982

[1.11] Wahl, F.M.: Digitale Bildsignalverarbeitung. Berlin, Heidelberg, New York, Tokyo: Springer 1984

[1.12] Young, T.Y.; Fu, K.S.: Handbook of pattern recognition and image processing. New York: Academic Press 1986

2 Einführendes Beispiel

Am Anfang steht die Frage nach der Art der Kante. So kann man zwischen Grauwert-, Textur- und Farbkanten unterscheiden. Auch Linien und dachähnliche Strukturen gehören in die Kategorie „Kante". In diesem Buch werden ausschließlich Grauwertkanten betrachtet. Ein weiteres Problem ist die indifferente Benutzung des Begriffs „Kante". Er dient einerseits zur Beschreibung von Grauwertänderungen benachbarter Bildregionen (pixelorientiert) und dient andererseits zur Beschreibung der im Bild „erkannten" Objekte (symbolorientiert). Wir verwenden den Begriff ausschließlich im letzteren Sinn.

Der folgende Abschnitt dient erstens der Definition einiger Begriffe und gibt zweitens einen einführenden Überblick über den Ablauf eines typischen Konturverfahrens. Es sei dabei ausdrücklich auf die Existenz diverser andersartiger Verfahren hingewiesen. Das grundlegende Problem der Konturfindung ist allerdings anhand des gewählten Verfahrens besonders gut darstellbar.

Zum Auffinden einer Kante bedarf es i.a. mehrerer Schritte. Diese können sehr stark miteinander verschmelzen. Daher darf die hier gewählte Aufteilung nur als Anhaltspunkt gelten. Bild 2.1 zeigt die typischen Schritte des Konturverfahrens. In Bild 2.1b sind die Grauwerte des Ausschnittes aus Bild 2.1a als Zahlen von 0 bis 9 dargestellt.

Das Ergebnis der ersten Verfahrensstufe zeigt Bild 2.1c. Hier wurden die Differenzen der Grauwerte aus Bild 2.1b errechnet. Für diesen Zweck verwendet man i.a. die bekannten „Kantenoperatoren" (s. Abschnitte 3.1 bis 3.3). Es wurde aber mitnichten eine Kante ermittelt. Diese Stufe wird besser mit dem Begriff *Konturpunktdetektion* beschrieben.

Das Ergebnis der Konturpunktdetektion weist i.a. diverse Unzulänglichkeiten auf. So erzeugt z.B. Rauschen Konturpunkte, die nicht zu Kanten gehören. Konturpunkte können zu breiten Kantenelementen verschmiert sein, so daß sich die Frage stellt, wo die eigentliche Kante verläuft. Lückenhaft und unregelmäßig angeordnete Konturpunkte entsprechen dem Normalfall.

Es bedarf daher einer *Konturaufbesserung* (s. Kapitel 4). Aus dem Spektrum der unterschiedlichen Aufbesserungsverfahren sei die *Relaxation* zu einer kurzen Darstellung ausgewählt. Sie ist zwar recht aufwendig aber entsprechend leistungsfähig und parallelisierbar. Angesichts der stürmischen Rechnerentwicklung wird sie daher immer interessanter. Ein Grund für die Aufwendigkeit des Verfahrens liegt in dessen iterativer Natur. Im ersten Schritt wird jedem Pixel die Wahrscheinlichkeit dafür zugeordnet, daß es sich um ein Kantenpixel handelt. Die folgenden Iterationen verändern diese Werte abhängig von der Umgebung des betreffenden Pixels. Befindet sich z.B. ein hoch bewertetes Pixel in einer niedrig bewerteten Umgebung, so ist die Wahrscheinlichkeit, daß es sich um ein Kantenpixel handelt, sehr klein. Die vormals hohe Bewertung wird also zurückgenommen. In der Praxis sind fünf bis zehn solcher Iterationen üblich.

Bild 2.1d zeigt das Ergebnis einer solchen Aufbesserung, das trotz allen Aufwandes noch kleine Fehler aufweist. Diese sind unvermeidlich, da das Verfahren erstens lokal und zweitens ohne Vorwissen über das im Bild befindliche Objekt arbeitet.

Das Konturbild liegt im Rechner nach wie vor in Form einer Matrix vor. Im nächsten Schritt, der *Konturpunktverkettung* (s. Kapitel 5) werden die jeweils zu einer Kette gehörigen Konturpunkte zu einer Liste zusammengefaßt. Dieses erscheint auf den ersten Blick einfach, ist aber der schwierigste Abschnitt der gesamten Prozedur. Entsprechend wenige Verkettungsverfahren sind bekannt.

Zu den interessantesten Verfahren zählt die *Hough-Transformation*. Sie bildet Geraden im Originalbereich (in unserem Fall im Bild) auf Punkte im Transformationsbereich (auch Akkumulatorfeld genannt) ab. Die Suche nach Häufungspunkten im Transformationsbereich ist aber wesentlich einfacher als die nach Geraden im Originalbereich. Außerdem ist dieses Verfahren gegenüber Lücken und anderen Unregelmäßigkeiten vergleichsweise unempfindlich. Hier liegt der Schwachpunkt vieler alternativer Verfahren, insbesondere der Linienverfolgung, die auf den ersten Blick weitaus einleuchtender als die Hough-Transformation ist.

Die Darstellung einer Kontur durch verkettete Konturpunkte birgt viel Redundanz. Eine *Konturapproximation* (s. Kapitel 6) kann hier Abhilfe schaffen. Aufgrund der einfachen Handhabung ist die Approximation mit Geradenstücken sehr gebräuchlich. Das entsprechende Ergebnis für unser Beispiel

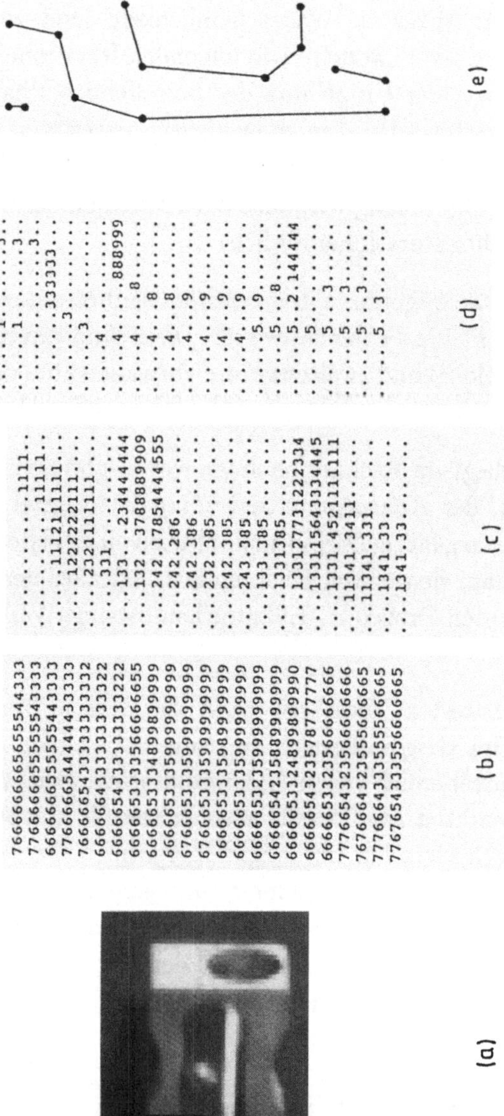

Bild 2.1. Schrittweiser Ablauf eines typischen Konturverfahrens

zeigt Bild 2.1e. Auf der Basis dieser strukturellen Beschreibung der Kontur kann ein wie auch immer geartetes Symbolikverfahren Aussagen über den Bildinhalt gewinnen.

Zum Abschluß sei noch einmal darauf hingewiesen, daß die o.g. Verfahrensschritte oftmals verschmelzen oder im Falle günstiger Bildvorlagen entfallen können. So kann man z.B. versuchen, Verkettung und Approximation zu kombinieren. Die schon erwähnte Hough-Transformation zielt in diese Richtung.

3 Konturpunktdetektion

Die ersten drei Abschnitte dieses Kapitels befaßen sich mit bekannten Verfahren der lokalen Faltung [3.18]. Abschnitt 3.4 beschreibt das Verfahren von Frei/Chen und eine Weiterentwicklung von Bollhorst et al. Beide beschäftigen sich mit der Anpassung des Kantenoperators an die Bildumgebung. Abschnitt 3.5 stellt solche Verfahren vor, die Kantenmodelle verwenden. Ausgangspunkt hierfür ist der Hueckel-Operator. Einen Überblick über das Verfahren von Marr/Hildreth („Mexican Hat") gibt Abschnitt 3.6. Dabei wird kurz auf die Diskussionen zwischen Hildreth und Haralick eingegangen. Haralicks Arbeiten („Facet Model") finden in Abschnitt 3.7 weitere Beachtung. Seine Grundidee ist zwar identisch mit der Hueckels, ihre praktische Umsetzung sowie die Spannweite der Anwendung rechtfertigen aber einen eigenständigen Abschnitt.

3.1 Gradientenoperatoren

In einem zweidimensionalen (2D) Koordinatensystem mit den Einheitsvektoren $\mathbf{i}$ und $\mathbf{j}$ ist der Gradient

$$\nabla f(x,y) = \frac{\partial f}{\partial x}\mathbf{i} + \frac{\partial f}{\partial y}\mathbf{j}.$$

Der Betrag des Gradienten ist

$$|\nabla f(x,y)| = \sqrt{\left(\frac{\partial f}{\partial x}\right)^2 + \left(\frac{\partial f}{\partial y}\right)^2}.$$

Die Richtung erhält man aus

$$\Theta(\nabla f(x,y)) = \arctan\left(\frac{\partial f}{\partial x} / \frac{\partial f}{\partial y}\right).$$

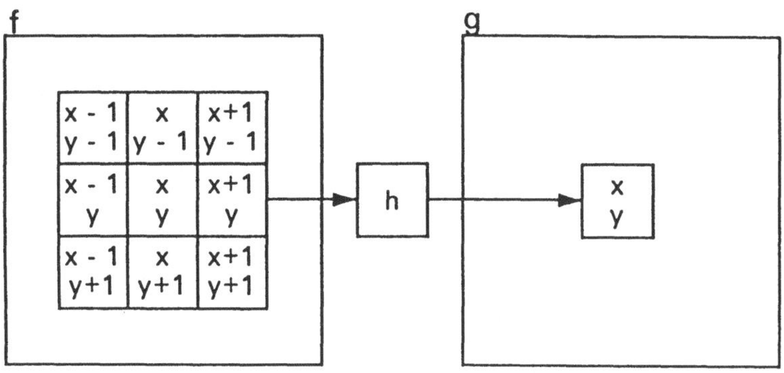

Bild 3.1. Lokale Faltung

Die Realisierung als Kantenoperator erfolgt durch ein Verfahren, für das sich der Name „lokale Faltung" eingebürgert hat. Man könnte den Vorgang aber auch „lokale Korrelation" nennen. Für ein 3x3-Fenster erhält man

$$g(x,y) = (1/9) \sum_{i=-1}^{1} \sum_{j=-1}^{1} f(x+i, y+j)\, h(i,j)$$

mit $f(x,y)$: Ursprungsbild
  $g(x,y)$: Ergebnisbild
  $h(i,j)$: Faltungskern.

Bild 3.1 veranschaulicht die lokale Faltung. Der Kern wird durch Masken gebildet, von denen Bild 3.2 drei typische zeigt. Man benötigt eine Maske für die Realisierung der partiellen Ableitung nach x (h_x) und eine für diejenige nach y (h_y). Die einfachste und hinsichtlich der „Gradienten-Idee" konsequenteste Form stellt die 2x2-Maske (Bild 3.2a) dar. In der Praxis dominieren die 3x3-Masken, da sie weniger empfindlich auf Rauschstörungen reagieren. Bild 3.2b zeigt den Prewitt-Operator, Bild 3.2c den Sobel-Operator. Beide Operatoren unterscheiden sich nur graduell. Es sei allerdings darauf hingewiesen, daß es sich bei ihnen grundsätzlich um Näherungen des Gradienten handelt. Fehler bei der Berechnung von Betrag und Winkel sind daher unvermeidlich. Neuere Untersuchungen hinsichtlich dieser Fehler bestätigen den guten Ruf des Sobel-Operators [3.20] [3.4].

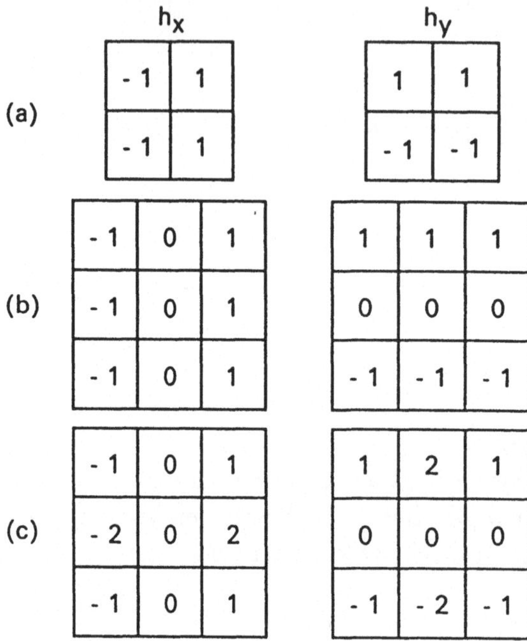

Bild 3.2. Drei typische Gradientenoperatoren, (a) einfacher Operator, (b) Prewitt-Operator, (c) Sobel-Operator

Bild 3.3. Laplace-Operator

<table>
<tr><td>- 1</td><td>0</td><td>1</td></tr>
<tr><td>- 1</td><td>0</td><td>1</td></tr>
<tr><td>- 1</td><td>0</td><td>1</td></tr>
</table>

<table>
<tr><td>1</td><td>1</td><td>1</td></tr>
<tr><td>0</td><td>0</td><td>0</td></tr>
<tr><td>- 1</td><td>- 1</td><td>- 1</td></tr>
</table>

<table>
<tr><td>0</td><td>1</td><td>1</td></tr>
<tr><td>- 1</td><td>0</td><td>1</td></tr>
<tr><td>- 1</td><td>- 1</td><td>0</td></tr>
</table>

<table>
<tr><td>1</td><td>1</td><td>0</td></tr>
<tr><td>1</td><td>0</td><td>- 1</td></tr>
<tr><td>0</td><td>- 1</td><td>- 1</td></tr>
</table>

Bild 3.4. Kompaßmasken

3.2 Laplace-Operator

In einem 2D-Koordinatensystem mit den Einheitsvektoren $\mathbf{i}$ und $\mathbf{j}$ ist der Laplace-Operator

$$\nabla^2 f(x,y) = \frac{\partial^2 f}{\partial^2 x}\mathbf{i} + \frac{\partial^2 f}{\partial^2 y}\mathbf{j}.$$

Zwei Maskenrealisierungen zeigt Bild 3.3. Dieser Operator findet wegen zweier Nachteile kaum Verwendung. Er liefert erstens keine Richtungsinformation und ist zweitens sehr rauschempfindlich (je höher der Grad der Ableitung, desto rauschempfindlicher). Es sei allerdings auf die Arbeiten von Marr et al. hingewiesen (Abschnitt 3.6), die gerade den Laplace-Operator in den Mittelpunkt stellen.

3.3 Kompaßmasken

Die Idee der Kompaßmasken beruht auf der Anwendung mehrerer Masken, die auf unterschiedliche Kantenrichtungen ansprechen. Diejenige Maske, die den höchsten Betrag liefert, bestimmt die Richtung. Bild 3.4 zeigt vier Masken, die (unter Ausnutzung des Vorzeichens) die acht Richtungen

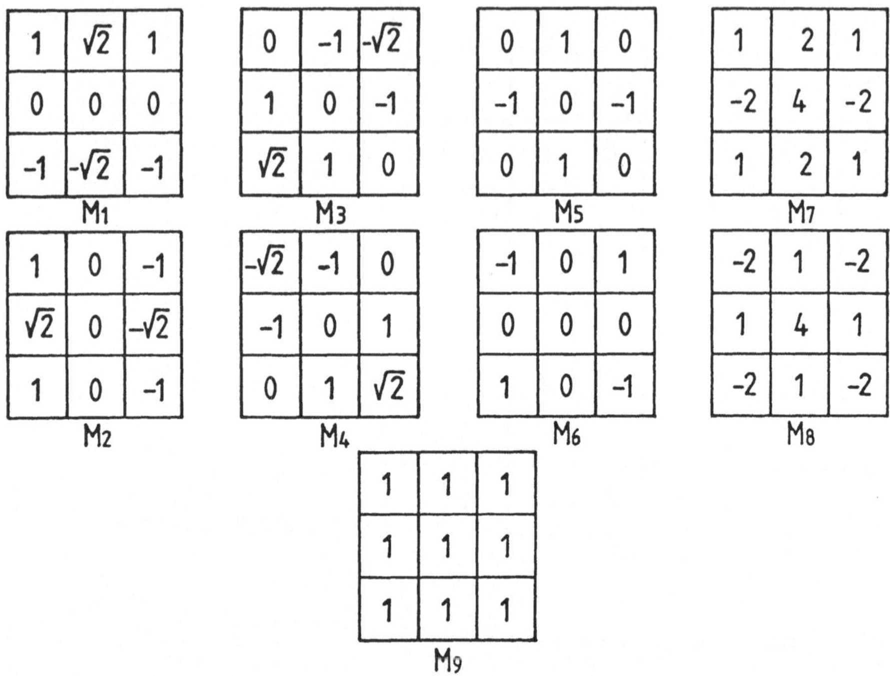

Bild 3.5. Orthogonale Masken von Frei/Chen

$0°, 45°, 90°, \ldots, 315°$ detektieren können. Ein typischer Vertreter dieser Verfahren ist der Kirsch-Operator [3.18].

3.4   Umgebungsunabhängige Kantenoperatoren

Ausgangspunkt ist das Verfahren von Frei/Chen [3.5], das in einer Zeit entstand, in der man bemüht war, das Ergebnisbild einer Kantenoperation schnellstmöglich in ein Binärbild zu überführen. Die hierzu notwendige Schwellenoperation unterdrückt Kanten in dunklen Bildbereichen, auch wenn sie klar kontrastiert sind. Dieser Nachteil resultiert in der Forderung nach einem umgebungsunabhängigen Kantenoperator.

Dem Verfahren von Frei/Chen liegt folgende Idee zugrunde. Man betrachte den Bildausschnitt (z.B. 3x3), auf dem operiert werden soll, als Matrix

$$\mathbf{B} = \begin{bmatrix} b_1 & b_2 & b_3 \\ b_4 & b_5 & b_6 \\ b_7 & b_8 & b_9 \end{bmatrix}$$

und im nächsten Schritt als Vektor

$$\mathbf{b} = (b_1, b_2 \ldots b_9)^T.$$

Ebenso wird mit der Operatormaske verfahren

$$\mathbf{m} = (m_1, m_2 \ldots m_9)^T.$$

Bildausschnitt und Maske sind also jeweils ein Vektor im 9D-Raum. Je besser $\mathbf{b}$ und $\mathbf{m}$ korrelieren, desto kleiner ist der Winkel

$$\alpha = \arccos\left(\frac{\mathbf{mb}}{\|\mathbf{m}\| \, \|\mathbf{b}\|}\right)$$

zwischen diesen Vektoren.

Zur Vereinfachung geht man zunächst von *einer* Maske, sowie einer globalen Schwelle für das gesamte Bild aus. Außerdem genügt die Betrachtung des Arguments, d.h. die Berechnung des Arcus-Cosinus kann entfallen. Wenn man $\|\mathbf{m}\| = 1$ annimmt, gcnügt cs,

$$k = \frac{\mathbf{mb}}{\|\mathbf{b}\|} = \frac{\sum\limits_{i=1}^{9} m_i b_i}{\sqrt{\sum\limits_{i=1}^{9} b_i^2}}$$

zu berechnen und k als „Antwort" der Maske $\mathbf{m}$ zu interpretieren. Würde man lediglich den Zähler betrachten, so hätte man nichts anderes als die bekannte lokale Faltung vorliegen. Die Division durch die Norm des Bildausschnittes bewirkt die gewünschte Anpassung an die Umgebungshelligkeit.

Es stellt sich nun die Frage nach der besten Maske für die Konturpunktdetektion. Frei/Chen schlagen neun orthogonale Masken $\mathbf{m}_1$ bis $\mathbf{m}_9$ (Bild 3.5) vor, die unterschiedliche Merkmale (Kanten, Linien, Punkte) detektieren sollen. Die *Beträge* der einzelnen Ergebnisse werden aufaddiert

0	1	0
1	1	1
0	1	0

Bild 3.6. „Non-contour"-Maske von Bollhorst et al.

$$k_s = \frac{\sum\limits_{n=1}^{9} m_n b}{\|b\|}$$

und k_s als „Kantenstärke" interpretiert.

Bollhorst et al. [3.1] modifizieren das Verfahren von Frei/Chen im Hinblick auf die Wahl der Maske(n). Während letztere versuchen, für jedes Konturmerkmal eine entsprechende Maske einzusetzen, gehen Bollhorst et al. den komplementären Weg, indem sie eine Maske zur Erkennung *konturloser* Bildausschnitte verwenden (non-contour mask). Exakt dieses leistet Maske m_9 in Bild 3.5. Sie erzeugt allerdings (insbesondere in dunkeln, fein strukturierten Bereichen) schwarze Cluster. Daher wurde die Maske auf eine 4er-Nachbarschaft beschränkt (Bild 3.6). Die hiermit erlangten Ergebnisse sind deutlich besser als diejenigen des Originalverfahrens. Durch die Beschränkung auf eine Maske (von ursprünglich neun) und durch Verzicht auf Multiplikationen ist außerdem ein erheblicher Zeitgewinn zu verzeichnen.

3.5 Kantenmodelle

„Stammvater" der Kantenmodelle ist Hueckel [3.12]. Er approximiert die Kante in einem Bildausschnitt mit Hilfe einer Fourier-Entwicklung. Die Realisierung des Verfahrens ist sehr aufwendig. Daher wurden von anderen Autoren einige Vereinfachungen vorgeschlagen. Die bekannteste Modifikation stammt von Mero/Vassy [3.3] [3.19]. Ihr Verfahren besteht aus den beiden folgenden Schritten:

(a) Ermittlung der Kantenrichtung durch Konstruktion einer optimalen Maske, ausgehend von zwei Initialmasken.

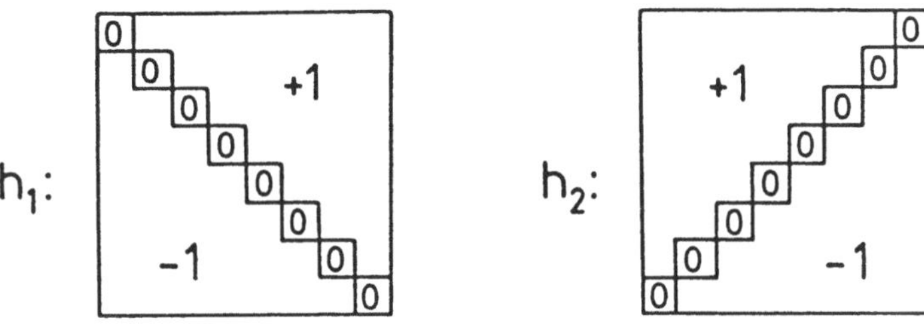

Bild 3.7. Masken von Mero/Massy [3.19]

(b) Ermittlung der exakten Lage.

Schritt (b) wurde noch einmal von Burow/Wahl [3.3] verbessert. Im folgenden wird daher Schritt (a) gemäß Mero/Vassy und Schritt (b) gemäß Burow/Wahl dargestellt. Da das Hueckel-Verfahren sich in der Praxis nicht durchsetzen konnte, kann eine weitergehende Darstellung des ursprünglichen Verfahrens unterbleiben.

Ermittlung der Kantenrichtung

Mero/Vassy benutzen die beiden in Bild 3.7 gezeigten Masken. Diese testen die Korrelation der Kante im Bildausschnitt $f(x,y)$ mit den beiden idealen, diagonalen Modellkanten $h_1(x,y)$ und $h_2(x,y)$. Die Richtung α der realen Kante ergibt sich dann aus dem Verhältnis der beiden Korrelationen

$$\tan\alpha = \frac{\sum_x \sum_y f(x,y)\, h_2(x,y)}{\sum_x \sum_y f(x,y)\, h_1(x,y)}. \tag{3.1}$$

Dieses, auf den ersten Blick etwas erstaunliche Vorgehen veranschaulichen Bild 3.8 und Bild 3.9. Ersteres zeigt ein einfaches Berechnungsbeispiel, während das zweite Bild einige Winkelkonstellationen darstellt. Die fett gezeichnete Linie deutet die Kante im Bildausschnitt an. Die Diagonale der Maske h_1 ist Bezugsgrade für α.

Es sei darauf hingewiesen, daß die Bestimmung von α mit Fehlern behaftet ist, da man im Bildausschnitt natürlich keine „idealen" Verhältnisse vorfindet. Dieser Fehler ist allerdings selbst im Fall stark verrauschter Bilder akzeptabel. Das Verfahren gilt als ausgesprochen robust [3.19].

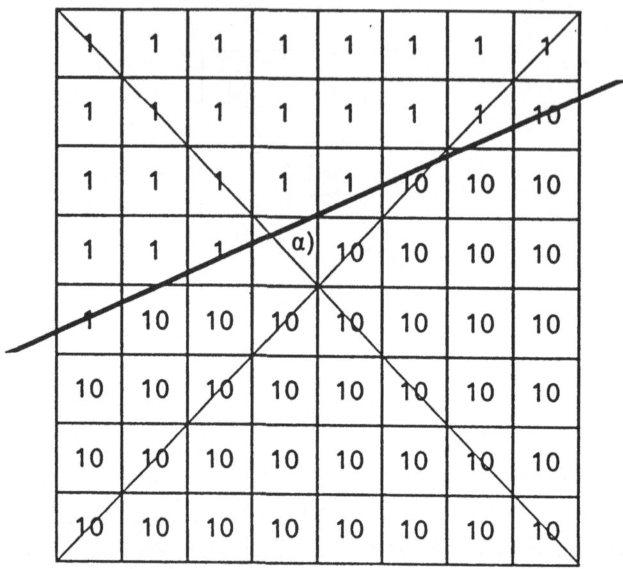

Bild 3.8. Berechnungsbeispiel: Faltung mit h_1 ergibt -63, Faltung mit h_2 ergibt -198, d.h. $\alpha \approx 70°$

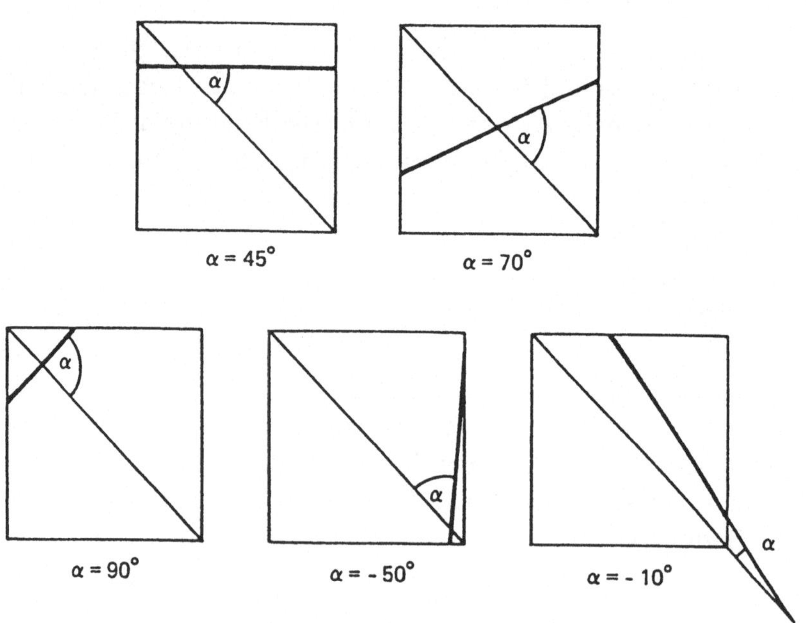

Bild 3.9. Einige Winkelkonstellationen

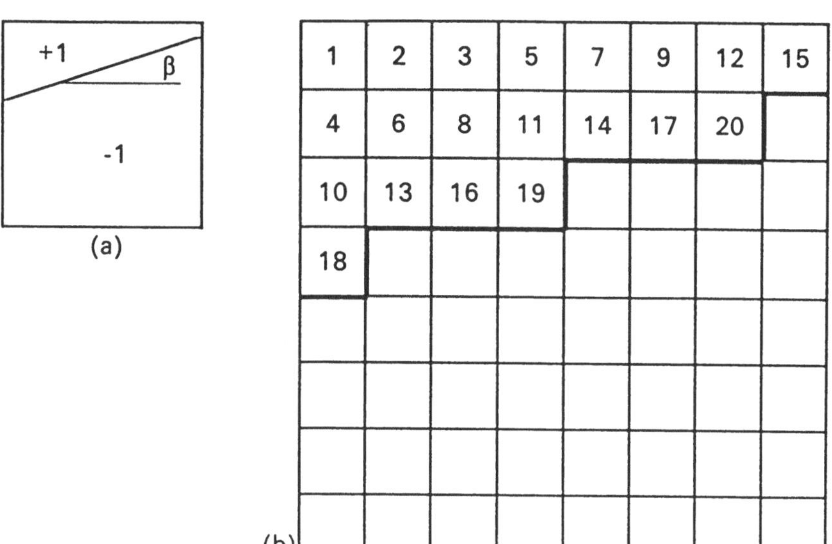

1	2	3	5	7	9	12	15
4	6	8	11	14	17	20	
10	13	16	19				
18							

Bild 3.10. Zum Verfahren von Burow/Wahl [3.3] ($\beta = 18,4°$)

Lagebestimmung

Der im ersten Schritt ermittelte Winkel α dient als Winkel einer Modellkante $g(x,y)$, die solange über den Bildausschitt geschoben wird, bis die beste Übereinstimmung gefunden ist

$$k = \sum_x \sum_y f(x,y)\, g(x,y) \overset{!}{=} max. \tag{3.2}$$

Diese „brute force"-Methode ist natürlich zu aufwendig. Hier setzt die Methode von Burow/Wahl an. Sie führen eine Indizierung gemäß Bild 3.10 ein. Bild 3.10a zeigt die im ersten Schritt ermittelte Modellkante $g(x,y)$, deren Neigung β sich nun auf die Horizontale bezieht. Schiebt man diese von oben nach unten über den Bildausschnitt, so werden die Pixel in der Reihenfolge ihres „Überstreichens" numeriert (Bild 3.10b). Mit dem neuen Index j ergibt sich folgende Modifikation von (3.2)

$$k(q) = \sum_{j=1}^{q} f(j) - \sum_{j=q+1}^{N^2} f(j), \tag{3.3}$$

wobei die Größe des Bildausschnitts NxN ist und sich oberhalb der Kante q Pixel und unterhalb $N^2 - q$ Pixel befinden.

Werden nun die Grauwerte im Bildausschnitt auf den Mittelwert Null normiert, so gilt

$$\sum_{j=q+1}^{N^2} f_{norm}(j) = - \sum_{j=1}^{q} f_{norm}(j),$$

d.h. es genügt die Berechnung von

$$k'(q) = \sum_{j=1}^{q} f_{norm}(j) \tag{3.4}$$

zur Bestimmung der maximalen Übereinstimmung. Es entfällt also die vollständige Faltung für jede neue Kantenposition, wie es (3.2) impliziert. Umindizierung und Normierung ermöglichen das einfache Hinzuaddieren derjenigen Grauwerte, die nach dem Verschieben der Modellkante zusätzlich oberhalb derselben erscheinen. Bild 3.11 zeigt einen normierten Bildausschnitt mit einer klar erkennbaren Kante. Außerdem wurden drei mögliche Positionen der im ersten Schritt ermittelten Modellkante eingezeichnet und mit dem entsprechenden Ergebnis von (3.4) versehen. Die mittlere Modellkante liegt exakt auf der realen Kante und erbringt daher den höchsten Wert für $k'(q)$.

3.6   Marr/Hildreth-Operator

Dem Marr/Hildreth-Operator [3.14] liegt die Idee zugrunde, die zweite Ableitung des Bildes zur Konturpunktdetektion zu nutzen. Die Nulldurchgänge (zero-crossings) sind in diesem Fall die Indikatoren für Kanten. Vor dieser Operation führen Marr/Hildreth eine Glättung (Bandbegrenzung) durch. Dafür sprechen zwei Gründe. Erstens wird die Rauschempfindlichkeit der zweiten Ableitung gemildert und zweitens sind nach der Glättung die Intensitätsänderungen (lokal gesehen) annähernd linear. Wäre dies nicht der Fall, so fielen Nulldurchgang und Kante nicht mehr zusammen, d.h. es käme zu Fehlplazierungen der Kante.

Für die Glättung wählten Marr/Hildreth ein Gauß-Filter (G), die zweite Ableitung liefert der Laplace-Operator ∇^2 (s.a. Abschnitt 3.3). Formal geschrieben hat man

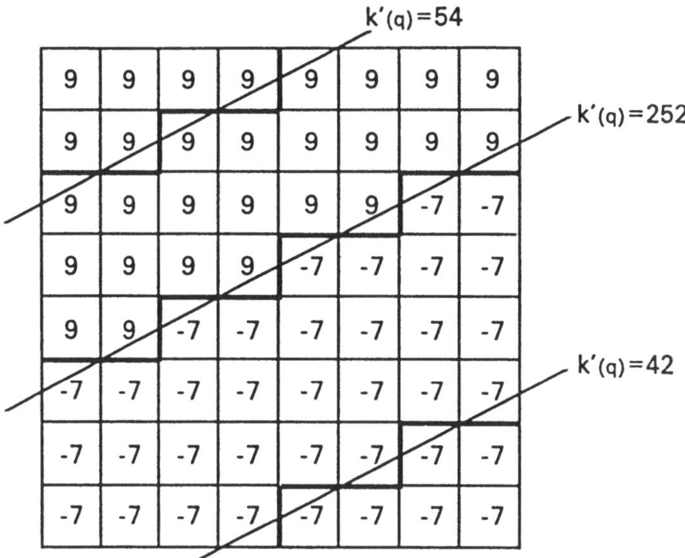

Bild 3.11. Wirkung der Normierung

$$\nabla^2(G * \text{Bild})$$

oder

$$(\nabla^2 G) * \text{Bild},$$

wobei $*$ den Faltungsoperator symbolisiert.

Daher findet man in der Literatur auch den Begriff $\nabla^2 G$-Operator. Im folgenden wird näher auf die Wahl von Gauß-Filter und Laplace-Operator eingegangen.

Zur Wahl des Gauß-Filters

Das Filter soll im *Spektralbereich* möglichst stark bandbegrenzend sein. Außerdem sollte der Bandbereich wählbar sein. Hierzu bemerken Marr/Hildreth [3.14]: „A major difficulty with natural images is that changes can and do occur over a wide range of scales, so it follows that one should seek a way of dealing with the changes occuring at different scales".

Im *Ortsbereich* soll das Filter konzentriert um das zentrale Pixel der Filtermaske wirken, d.h. keine „Fernwirkungen" aufweisen.

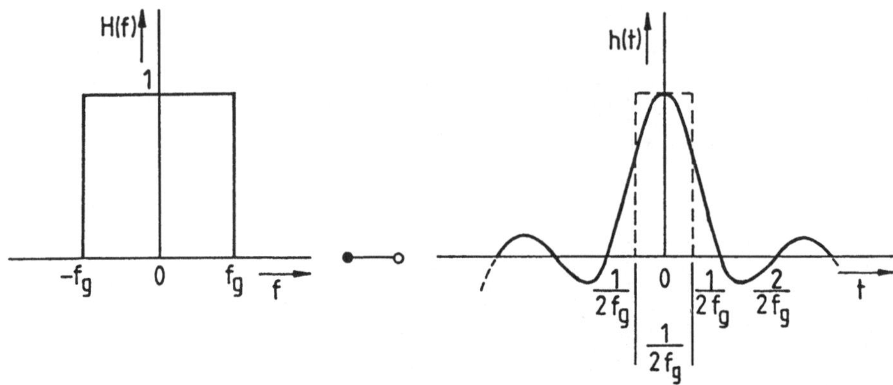

Bild 3.12. Übertragungsfunktion und Stoßantwort des idealen Tiefpasses der Grenzfrequenz f_g [3.13]

Die beiden Forderungen nach Begrenzung im Orts- und im Spektralbereich widersprechen sich („Unschärferelation der Nachrichtentechnik" [3.13]). Bild 3.12 zeigt dieses am Beispiel eines idealen Tiefpasses. Das Gauß-Filter ist die beste Lösung im Spannungsfeld der beiden Forderungen. Bei der Realisierung des Filters ist Vorsicht geboten. Bild 3.13a stellt die Originalimplementierung des Marr/Hildreth-Operators im Orts- und Spektralbereich dar. Bild 3.13b zeigt Haralicks Implementierung [3.10]. Haralick wählte die Filtermaske zu klein und beschnitt dadurch das Filter im Ortsbereich. Die Auswirkungen auf den Spektralbereich sind offensichtlich. Dieses jedenfalls werfen Grimson/Hildreth [3.6] Haralick in ihrer Antwort auf dessen Kritik am Marr/Hildreth-Operator vor [3.10]. Diese Diskussion zeigt den Stand der Entwicklung von Konturverfahren. Hierzu sei abschließend Haralick [3.11] zitiert: „There are some interesting issues which have not yet been fully discussed or understood".

Zur Wahl des Laplace-Operators

In Abschnitt 3.3 erhielt der Laplace-Operator negative Kritiken. Allerdings ist die dort gewählte Realisierung aufgrund der kleinen Maske (3x3) nur eine sehr grobe. Außerdem handelt es sich nicht um einen Nulldurchgangs-

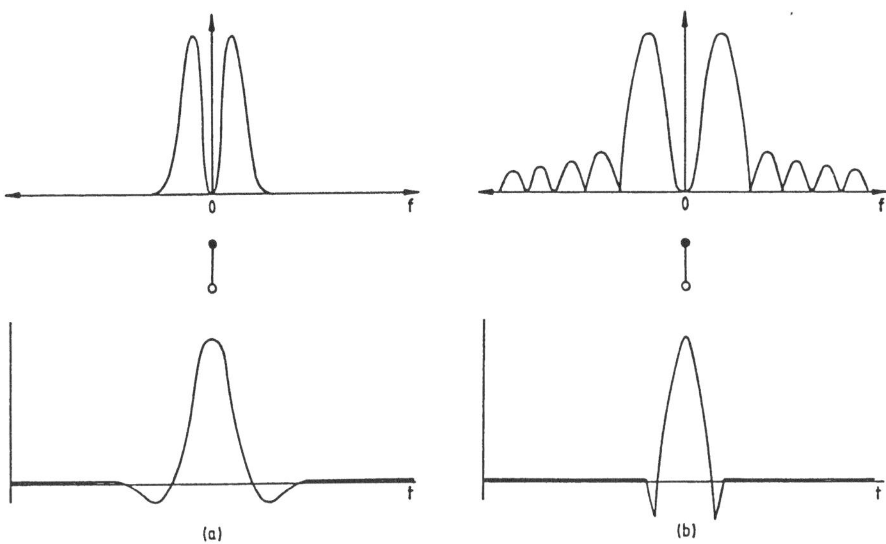

Bild 3.13. (a) Marr/Hildreth-Implementierung des Operators, (b) Haralick-Implementierung des Operators

σ	1,4	5	10
w	4	14	28
q	11	35	70

Bild 3.14. Von Marr/Hildreth vorgeschlagene Werte der Parameter

Operator, sondern letztlich um einen rotationsinvarianten Kantenoperator nach Art des Sobel-Operators mit starker Betonung von punktförmigen Bildstrukturen.

Die kleinste am MIT (Massachusetts Institute of Technology: wichtige Wirkungsstätte von Marr und Kollegen) realisierte Maske des Marr/Hildreth-Operators weist eine Größe von 35x35 Pixeln auf [3.2]. Damit zählt er zu der von einigen Autoren vorgeschlagenen Klasse der *regionalen* Operatoren. Bild 3.15 zeigt zwei Parameter, die die Dimensionierung der Maske charakterisieren. Der Durchmesser der zentralen positiven Region ist w, der Durchmesser des „äußeren Kreises" q. Letzterer entspricht der Größe der quadratischen Maske. Der dritte Parameter ist die Standardabweichung σ

des Gauß-Filters. Bild 3.14 zeigt die von Marr/Hildreth vorgeschlagenen
Werte der Parameter.

Die Wahl dieser Daten ist der Kernpunkt der Diskussion. Haralick benutzte
für alle drei Standardabweichungen eine Maskengröße von 11x11, wodurch
die in Bild 3.13b gezeigte Beschneidung im Ortsbereich entsteht. Außerdem
ist nach Angabe von Grimson/Hildreth $\sigma = 1,4$ zu klein (Zitat aus [3.6]:
„..., it is not in the spirit of the Marr-Hildreth method to use such a small
operator".). Wie bereits erwähnt, ist die kleinste Maske des MIT 35x35
($\sigma = 5$).

Masken dieser Größenordnung sind natürlich rechenintensiv. Daher waren
Marr/Hildreth auf ihrer Suche nach dem günstigsten Nulldurchgangs-Ope-
rator bemüht, die Anzahl der Masken zu minimieren. In diesem Sinne
wäre *eine* rotationsinvariante Maske ideal. Der einzige Operator, der dieses
auch im Zweidimensionalen leistet, ist der Laplace-Operator. Diesen Vorteil
erkauft man sich jedoch mit dem Verzicht auf die Richtungsinformation.

Bewertung

Ein Vorteil des Marr/Hildreth-Operators liegt in der Vereinfachung der Nachverarbeitung. So ist eine Verdünnung nicht mehr notwendig. Hoffnungen auf
die Vermeidung von Verkettungsoperationen konnten in der Praxis allerdings nicht bestätigt werden. Vorteile sind weiterhin das Ignorieren von Regionen gleichmäßiger Intensitätsänderung, richtungsunabhängige Betragsbe-
stimmung und Subpixel-Genauigkeit.

Auf eine Nachverarbeitung kann jedoch nicht gänzlich verzichtet werden
(Zitat aus [3.17]:„However, an inspection of published results suggests that
considerable further processing of images is required and most authors have
used the Marr-Hildreth transform only as a first step".). Diese Tatsache muß
vor dem Hintergrund der aufwendigen (weil großen) Operatormaske besonders schwer wiegen. Eine weitergehende Bewertung der Nulldurchgangs-
Operatoren findet man in [5.23].

Anmerkungen

(a) Der Marr/Hildreth-Operator ist wegen seiner Form auch als „Mexican
hat" bekannt.

(b) Die Form des Operators kann durch Differenzbildung zweier Gauß-
Filter angenähert werden (DOG = Difference Of Gaussian)

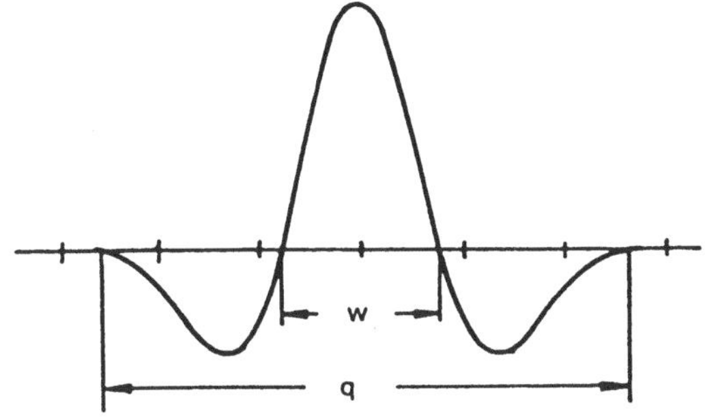

Bild 3.15. Zur Dimensionierung des $\nabla^2 G$ Operators

$$DOG = G_{\sigma_1} - G_{\sigma_2} \quad \text{mit} \quad \frac{\sigma_1}{\sigma_2} \approx 1,6.$$

(c) Die Arbeiten von Marr und Kollegen basierten auf der Erfahrung, daß die Natur Vorbild für diverse technische Entwicklungen ist. Sie beschäftigten sich daher intensiv mit visuellen Vorgängen bei Mensch und Tier [3.15]. In diesem Zusammenhang ist auch der Marr/Hildreth-Operator zu sehen.

(d) Grimson/Hildreth [3.6] berichten von Hardware-Realisierungen des Operators. Ein in Standard-TTL-Technik implementierter DOG-Operator (32x32-Maske) arbeitet danach ein 1000x1000x8 Bild in 1,5 s ab.

3.7 Haralicks Facet Model

Hätte man eine mathematisch-deterministische Beschreibung des Bildes, so wäre eine Bildanalyse einfacher. Global ist aber nur die Schaffung stochastischer Modelle möglich. Haralick zerlegt daher das Bild in kleine rechteckige Bildausschnitte (facets). Die Bildoberfläche in den Facetten wird dann durch 2D-Polynome approximiert. Auf der Basis der gewonnenen Polynome erfolgt die weitere Verarbeitung des Bildes. Die Entwicklung dieser Idee wird in den drei folgenden Abschnitten dargestellt. Im Anhang finden sich Ergänzungen zur Statistik und zur Interpolation durch Polynome.

(r,c) R=C={-1,0,1}		
-1,-1	-1,0	-1,1
0,-1	0,0	0,1
1,-1	1,0	1,1

(r,c) R=C={-2,-1,1,2}			
-2,-2	-2,-1	-2,1	-2,2
-1,-2	-1,-1	-1,1	-1,2
1,-2	1,-1	1,1	1,2
2,-2	2,-1	2,1	2,2

Bild 3.16. Zentrierung der Facettenindizierung

3.7.1 Sloped Facet Model

In [3.7] verwendet Haralick Polynome ersten Grades, d.h. geneigte Ebenen
(sloped facets). Für einen beobachteten Bildausschnitt wird folgendes Mo-
dell angenommen

$$g(r,c) = \alpha r + \beta c + \tau + \theta(r,c) \tag{3.5}$$

mit r: Zeilenindex (row)
            c: Spaltenindex (column)
            α: Steigung der Ebene in r-Richtung
            β: Steigung der Ebene in c-Richtung
            τ: Höhe der Ebene im Ursprung
    $\theta(r,c)$: Rauschen.

Die Indizierung ist gemäß Bild 3.16 zentriert, die Facetten sind aber nicht
unbedingt quadratisch. R ist die Menge der Zeilenindizes, C ist die Menge
der Spaltenindizes. $\theta(r,c)$ ist eine Zufallsvariable, die das Rauschen repräsentiert. Diese sei normal verteilt mit dem Mittelwert 0 und der Varianz σ^2.
Die Rauschvorgänge der einzelnen Pixel seien unabhängig voneinander.

Der Bildausschnitt $g(r,c)$ wird nun durch eine unverrauschte, geneigte Ebene
interpoliert

$$p(r,c) = \hat{\alpha} r + \hat{\beta} c + \hat{\tau}. \tag{3.6}$$

$\hat{\alpha}$, $\hat{\beta}$ und $\hat{\tau}$ sind nun so zu wählen, daß die mittlere quadratische Fehler

$$\epsilon^2 = \sum_{r \in R} \sum_{c \in C} (p(r,c) - g(r,c))^2 \tag{3.7}$$

minimiert wird. Ableiten nach $\hat{\alpha}$, $\hat{\beta}$, $\hat{\tau}$ und Nullsetzen von ϵ^2 ergibt die gesuchten Winkel

$$\hat{\alpha} = \frac{\displaystyle\sum_{r \in R} \sum_{c \in C} r\, g(r,c)}{\displaystyle\sum_{r \in R} \sum_{c \in C} r^2}$$

$$\hat{\beta} = \frac{\displaystyle\sum_{r \in R} \sum_{c \in C} c\, g(r,c)}{\displaystyle\sum_{r \in R} \sum_{c \in C} c^2} \tag{3.8}$$

$$\hat{\tau} = \frac{\displaystyle\sum_{r \in R} \sum_{c \in C} g(r,c)}{\displaystyle\sum_{r \in R} \sum_{c \in C} 1}.$$

Ein Beispiel zeigt Bild 3.17. Man ermittelt $\hat{\alpha}$, $\hat{\beta}$ und $\hat{\tau}$ gemäß (3.8) aus dem beobachteten Bild $g(r,c)$ und erhält die approximierte Ebene $p(r,c)$. Aus der Differenz der Grauwerte erhält man den Fehler für jeden Pixel sowie den mittleren quadratischen Fehler ϵ^2.

Im folgenden soll ϵ^2 hinsichtlich seiner statistischen Charakteristik untersucht werden. Dazu schreiben wir (3.7) in anderer Form

$$\epsilon^2 = \underbrace{\Sigma\Sigma\theta^2(r,c)}_{I} - \underbrace{(\hat{\alpha} - \alpha)^2 \Sigma\Sigma r^2 - (\hat{\beta} - \beta)^2 \Sigma\Sigma c^2 - (\hat{\tau} - \tau)^2 \Sigma\Sigma 1}_{II}$$

mit

$$\Sigma\Sigma = \sum_{r \in R} \sum_{c \in C}.$$

Term I ist die Summe von $\Sigma\Sigma 1$ unabhängigen normalverteilten Zufallsvariablen. Also ist

$$\frac{\text{Term I}}{\sigma^2}$$

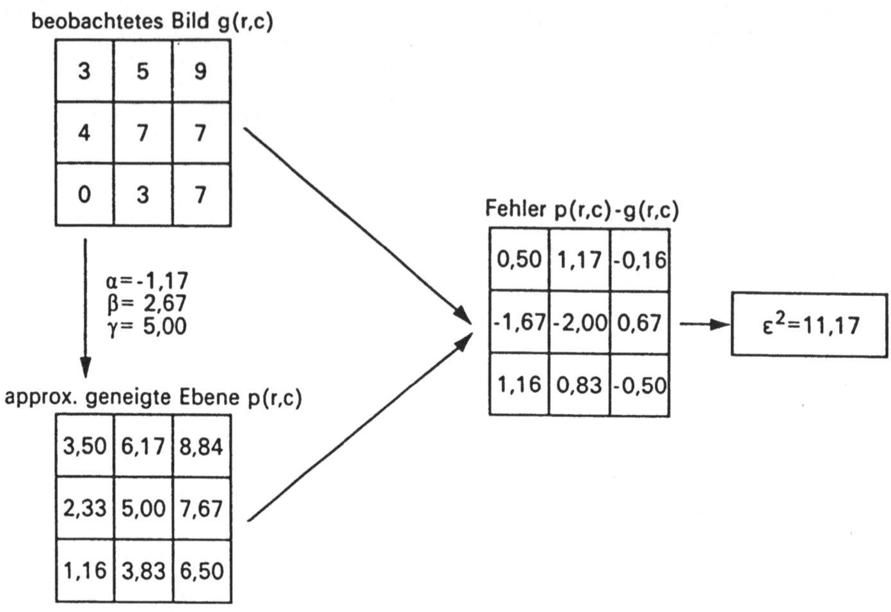

Bild 3.17. Beispiel einer „sloped facet"-Approximation

χ^2-verteilt mit $\Sigma\Sigma 1$ Freiheitsgraden (vgl. Anhang A). Zur Beurteilung von Term II muß (3.8) durch Einsetzen von (3.5) umgeschrieben werden (hier nur für α)

$$\hat{\alpha} = \alpha + \frac{\displaystyle\sum_{r\in R}\sum_{c\in C} r\,\theta(r,c)}{\displaystyle\sum_{r\in R}\sum_{c\in C} r^2}.$$

Man sieht, daß $\hat{\alpha}$ von nur einer Zufallsvariablen (nämlich $\theta(r,c)$) abhängt. Somit ist auch

$$\frac{\text{Term II}}{\sigma^2}$$

χ^2-verteilt, allerdings mit drei Freiheitsgraden. Also ist

$$\epsilon^2/\sigma^2$$

χ^2-verteilt mit $(\Sigma\Sigma 1 - 3)$ Freiheitsgraden.

Mit den so gewonnen Daten kann nun die Bildanalyse vorgenommen werden. Hier interessieren in erster Linie die Kanten. Dazu testet Haralick die Null-Hypothese H_0 „die Facetten sind flach" (also $\alpha = \beta = 0$) durch folgende F-Statistik

$$F = \frac{(\hat{\alpha}^2 \, \Sigma\Sigma r^2 + \hat{\beta}^2 \, \Sigma\Sigma c^2)/2}{\epsilon^2/(\Sigma\Sigma 1 - 3)}$$

mit 2 und $(\Sigma\Sigma 1 - 3)$ Freiheitsgraden. Ist F zu groß, wird H_0 verworfen, d.h. eine Kante angenommen.

Anschaulich repräsentiert F die Neigung der geschätzten Ebene normalisiert durch den mittleren quadratischen Fehler. Folgende „Ereignisse" führen also zum Verwerfen der Null-Hypothese:

(a) Die geschätzte Neigung $(\hat{\alpha}, \hat{\beta})$ ist zu groß. Es ist eine Kante zu vermuten.

(b) Der mittlere quadratische Fehler ist zu klein.

Verrauschte Facetten werden also als flach angenommen.

Für das Beispiel (Bild 3.17) ist $F = 13,67$ mit den Freiheitsgraden 2 und 6. Auf dem 1%-Niveau müßte $F \leq 10,9$ sein und auf dem 0,5%-Niveau müßte $F \leq 14,5$ sein. Wählen wir das 1%-Niveau, so ist die Null-Hypothese zu verwerfen und eine Kante anzunehmen.

3.7.2 Vereinfachung der Approximation durch Masken

In [3.8] schlägt Haralick u.a. ein Verfahren vor, das die Bestimmung der interpolierenden Ebenen mit Hilfe von Masken erlaubt. Außerdem beschreibt er die Anwendung des „facet model" zur Rauschunterdrückung. Dieser Aspekt interessiert hier nicht, so daß wir uns lediglich auf den ersten Teil seiner Arbeit konzentrieren.

Ausgangspunkt ist (3.5), wobei $g(r,c)$ durch $J(r,c)$ ersetzt ist

$$J(r,c) = \alpha r + \beta c + \tau + \theta(r,c). \tag{3.9}$$

Ein ähnlicher Weg, wie der zu (3.8) führende ergibt

$$\alpha = \frac{3}{L(L+1)\,(2L+1)^2} \sum_{r=-L}^{L} r \sum_{c=-L}^{L} J(r,c)$$

$$\beta = \frac{3}{L(L+1)\,(2L+1)^2} \sum_{c=-L}^{L} c \sum_{r=-L}^{L} J(r,c) \tag{3.10}$$

$$\tau = \frac{1}{(2L+1)^2} \sum_{r=-L}^{L} \sum_{c=-L}^{L} J(r,c).$$

Dabei ist das Dach über α, β und τ zur Vereinfachung fortgelassen. Das Koordinatensystem ist für jede Facette wiederum zentriert. Im Gegensatz zum Verfahren in Abschnitt 3.7.1 sind die Facetten quadratisch. Die Blockgröße ist $(2L+1)(2L+1)$, d.h. der Index links oben ist $(-L,-L)$, derjenige rechts unten (L,L).

Für die Konstruktion der Masken beschränkt Haralick sich auf $L = 1$ (3x3-Maske). Dann wird aus (3.10)

$$\alpha = 1/6\,[J(+1,\bullet) - J(-1,\bullet)]$$

$$\beta = 1/6\,[J(\bullet,+1) - J(\bullet,-1)]$$

$$\tau = 1/9\,J(\bullet,\bullet).$$

Der Punkt deutet die Summierung von J in den Grenzen $(-L,+L)$ an. Die interpolierende geneigte Ebene

$$\hat{J}(r,c) = \alpha r + \beta c + \tau$$

wird somit

$$\begin{aligned}
\hat{J}(r,c) \;=\;\; & 1/6\,[J(+1,\bullet) - J(-1,\bullet)]\,r \\
+\;\; & 1/6\,[J(\bullet,+1) - J(\bullet,-1)]\,c \\
+\;\; & 1/9\,J(\bullet,\bullet)
\end{aligned}$$

und ausgeschrieben

$$
\begin{aligned}
\hat{J}(r,c) = 1/18\ \big[\ & J(-1,-1)\,(-3r-3c+2) \\
+\ & J(-1,\ 0)\,(-3r\qquad+2) \\
+\ & J(-1,+1)\,(-3r+3c+2) \\[2mm]
+\ & J(\ 0,-1)\,(\qquad-3c+2) \\
+\ & J(\ 0,\ 0)\,(\qquad\quad+2) \\
+\ & J(\ 0,+1)\,(\qquad+3c+2) \\[2mm]
+\ & J(+1,-1)\,(+3r-3c+2) \\
+\ & J(+1,\ 0)\,(+3r\qquad+2) \\
+\ & J(+1,+1)\,(+3r+3c+2)\ \big].
\end{aligned}
$$

Die neun Produktterme bestehen aus dem Grauwert des beobachteten Bildes $(J(r,c))$ und einem Term, der die Lage des Pixels (r,c) bewertet. Diese Terme lassen sich mit Hilfe der in Bild 3.18 gezeigten Masken realisieren.

Fassen wir also zusammen. Das in Abschnitt 3.7.1 beschriebene Verfahren ermittelt aus dem beobachteten Bild die Winkel $\hat{\alpha}$, $\hat{\beta}$, $\hat{\tau}$ und berechnet mit diesen die Grauwerte der approximierenden Ebene. Das hier vorgestellte Verfahren ermittelt direkt aus dem beobachteten Bild die Grauwerte der approximierenden Ebene mit Hilfe von Masken. Dieses sei am Beispiel Bild 3.17 demonstriert:

$$
\begin{aligned}
\hat{J}(-1,-1) = 1/18\ \big[\ & 3\cdot 8 \\
+\ & 5\cdot 5 \\
+\ & 9\cdot 2 \\
+\ & 4\cdot 5 \\
+\ & 7\cdot 2 \\
+\ & 7\cdot(-1) \\
+\ & 0\cdot 2 \\
+\ & 3\cdot(-1) \\
+\ & 7\cdot(-4)\ \big]\quad =\quad 3,5
\end{aligned}
$$

j(-,1)

8	5	2
5	2	1
2	-1	4

j(-1,0)

5	5	5
2	2	2
-1	-1	-1

j(-1,1)

2	5	8
-1	2	5
-4	1	2

j(0,-1)

5	2	1
5	2	1
5	2	1

j(0,0)

2	2	2
2	2	2
2	2	2

j(0,1)

-1	2	5
-1	2	5
-1	2	5

j(1,-1)

2	-1	-4
5	2	-1
8	5	2

j(1,0)

-1	-1	-1
2	2	2
5	5	5

j(1,1)

-4	-1	2
-1	2	5
2	5	8

Bild 3.18. Masken für die Berechnung der „fitting slope" [3.8]

$$
\begin{aligned}
\hat{J}(-1,0) = 1/18 \; [\quad & 3 \cdot 5 \\
+ \; & 5 \cdot 5 \\
+ \; & 9 \cdot 5 \\
+ \; & 4 \cdot 2 \\
+ \; & 7 \cdot 2 \\
+ \; & 7 \cdot 2 \\
+ \; & 0 \cdot (-1) \\
+ \; & 3 \cdot (-1) \\
+ \; & 7 \cdot (-1) \;] \quad = \quad 6,17.
\end{aligned}
$$

3.7.3 Erweiterung auf kubische Polynome

In zwei weiteren Arbeiten [3.9] [3.10] benutzt Haralick kubische Polynome zur Approximation der Bildoberfläche in den Facetten. Für den eindimensionalen Fall erhält man

$$
f(r) = k_1 + k_2 r + k_3 r^2 + k_4 r^3.
$$

Für Bilder bedarf es der zweiten Dimension

$$f(r,c) = k_1 +$$
$$k_2 r + k_3 c +$$
$$k_4 r^2 + k_5 rc + k_6 c^2 +$$
$$k_7 r^3 + k_8 r^2 c + k_9 rc^2 + k_{10} c^3.$$

Die Koeffizienten k_i werden mit Hilfe von Masken bestimmt [3.9]. Auf der Basis der so gewonnenen Polynome ermittelt Haralick „Bergrücken und Täler" im untersuchten Bild.

Für das umfangreiche Thema der Polynom-Approximation (besonders im Hinblick auf die beiden Veröffentlichungen [3.9] [3.10]) ist ein spezieller Anhang (B) vorgesehen.

Literatur zu Kapitel 3

[3.1] Bollhorst, R.W.; Besslich, Ph.W.; Schlüter, W.D.H.: Low-complexity contour detection. Berichte Elektrotechnik, Univ. Bremen, FB-1, ISSN 0724-1933, 3/86 (1986).

[3.2] Brady, M.: Computational approaches to image understanding. Computing Surveys 14 (1982) 3-71

[3.3] Burow, M.; Wahl, F.: Eine verbesserte Version des Kantendetektionsverfahrens nach MERO/VASSY. Informatik Fachberichte 20, Berlin, Heidelberg, New York, Tokyo: Springer 1979, 36-42

[3.4] Davies, E.R.: Circularity - a new principle underlying the design of accurate edge orientation operators. Image and Vision Computing 2 (1984) 134-142

[3.5] Frei, W.; Chen, C.: Fast boundary detection: a generalization and a new algorithm. IEEE Trans. C-26 (1977) 988-998

[3.6] Grimson, W.E.L.; Hildreth, E.C.: Comments on digital step edges from zero crossings of second directional derivatives. IEEE Trans. PAMI-7 (1985) 121-127

[3.7] Haralick, R.M.: Edge and region analysis for digital image data. Computer Graphics and Image Processing 12 (1980) 60-73

34

[3.8] Haralick, R.M.; Watson, L.: A facet model for image data. Computer Graphics and Image Processing 15, (1981) 113-129

[3.9] Haralick, R.M.: Ridges and valleys on digital images. Computer Vision Graphics and Image Processing 22, (1983) 28-38

[3.10] Haralick, R.M.: Digital step edges from zero crossing of second directional derivatives. IEEE Trans. PAMI-6 (1984) 58-68

[3.11] Haralick, R.M.: Author's reply. IEEE Trans. PAMI-7 (1985) 127-129

[3.12] Hueckel, M.H.: A local visual operator which recognizes edges and lines. J. ACM 20 (1973) 634-647

[3.13] Lüke, H.D.: Signalübertragung. Berlin, Heidelberg, New York, Tokyo: Springer 1979

[3.14] Marr D., Hildreth E.: Theory of edge detection. Proc. R. Soc. Lond. B 207 (1980) 187-217

[3.15] Marr D.: Vision. San Francisco: Freeman 1982

[3.16] Nalwa, V.S.; Binford, T.O.: On detecting edges. IEEE Trans. PAMI-8, (1986) 699-714

[3.17] Pavlidis, T.: A critical survey of image analysis methods. Int. Conf. on Pattern Recognition (1986) 502-511

[3.18] Rosenfeld, A.; Kak, A.C.: Digital picture processing. New York: Academic Press 1982

[3.19] Wahl, F.M.: Digitale Bildsignalverarbeitung. Berlin, Heidelberg, New York, Tokyo: Springer 1984

[3.20] Wallace, A.M.: Greyscale image processing for industrial applications. Image and Vision Computing 1 (1983) 178-188

4 Konturaufbesserung

Die Abschnitte 4.1 und 4.2 befassen sich mit zwei Varianten der Verdünnung von Gradientenbildern. Gleichzeitig erreicht man dabei eine weitgehende Beseitigung des Rauschens. Unterbrechungen der Kante können mit diesem Verfahren allerdings nicht gefüllt werden. Abschnitt 4.3 beschreibt die von Robinson entwickelten Prüfmasken, die in Richtung der Kante aufgelegt werden und die überdeckten Konturpunkte auf homogene Anordnung überprüfen. Abschnitt 4.4 ist der Relaxation gewidmet. Hier werden die drei bekanntesten Verfahren vorgestellt.

4.1 Nonmaxima-Unterdrückung

Die grundlegende Idee dieser Methode zeigt Bild 4.1a. *Quer* zur Richtung der Kante werden die Beträge der Konturpunkte verglichen. Der den Maximalwert aufweisende Konturpunkt bleibt unverändert, während alle übrigen unterdrückt werden. Für die Beschreibung der einzelnen Verfahren benutzen wir das in Bild 4.2 gezeigte Beispiel einer Konturpunktdetektion unter Verwendung der in Bild 4.1b dargestellten Masken (s.a. Abschnitt 3.1). Sie wurden wegen ihrer Einfachheit gewählt. Bild 4.2a zeigt das Ursprungsbild, Bild 4.2b die Gradientenbeträge und Bild 4.2c die entsprechenden Richtungen (die leeren Felder im Gradientenbild entsprechen dem Betrag Null). Pixel, die außerhalb des Bildes liegen, erhalten den Gradientenbetrag Null.

Eine der frühen Arbeiten geht auf Rosenfeld/Thurston [4.19] zurück. Nachfolger sind z.B. Riseman/Arbib [4.16], Nevatia/Babu 1980 [4.12], Prager [4.15] und Paler/Kittler [4.13]. Alle genannten Verfahren beruhen auf dem folgenden Basisalgorithmus:

(A) Ermittle zwei Nachbarn (der 8er-Nachbarschaft) des aktuellen Pixels, so daß die Bedingung „quer zur Kantenrichtung" erfüllt ist. Diesem Zweck dienen die in Bild 4.4 gezeigten Masken. Die Wahl der anzuwen-

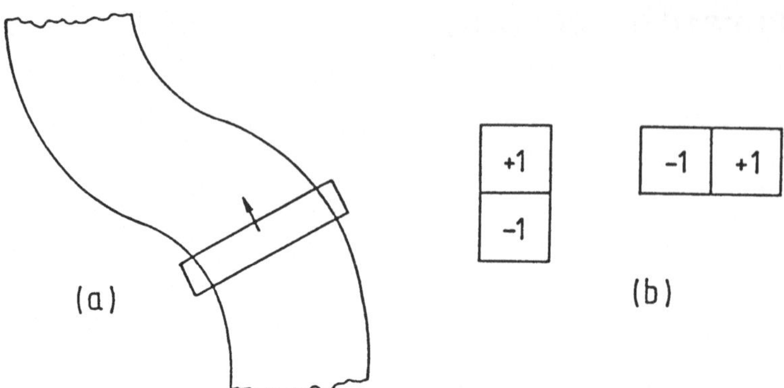

Bild 4.1. Zur Grundidee der Nonmaxima-Unterdrückung, (a) Quer zur Richtung der Kante wird das lokale Maximum gesucht, (b) Im Beispiel verwendete Masken

(a)

10	15	30	60	80	90	90	90
10	15	30	60	80	90	90	90
0	5	20	50	70	80	80	80
0	0	5	20	50	70	80	80
0	0	0	10	10	40	60	70
0	0	0	0	10	40	60	70
0	0	0	0	5	10	30	50
0	0	0	0	0	5	30	50

(b)

0	5	15	30	20	10	0	0
0	11	18	32	22	14	10	10
0	7	21	42	28	14	0	0
0	0	7	18	50	36	22	10
0	0	0	14	0	30	20	10
0	0	0	0	11	42	36	22
0	0	0	0	7	7	20	20
0	0	0	0	0	0	0	0

(c)

0	0	0	0	0			
	63	34	18	27	45	90	90
	45	45	45	45	45		
		45	34	53	56	63	90
			45		0	0	0
				27	45	56	63
				45	45	0	0

Bild 4.2. Beispiel einer Konturpunktdetektion, (a) Ursprungsbild, (b) Gradientenbetrag, (c) Gradientenrichtung

denden Maske bestimmt die Gradientenrichtung α des aktuellen Pixels (in Bild 4.4 dunkel dargestellt) auf folgende Weise:

Maske (a):	$337,5° \leq \alpha < 22,5°$	*und*	$157,5° \leq \alpha < 202,5°$
Maske (b):	$22,5° \leq \alpha < 67,5°$	*und*	$202,5° \leq \alpha < 247,5°$
Maske (c):	$67,5° \leq \alpha < 112,5°$	*und*	$247,5° \leq \alpha < 292,5°$
Maske (d):	$112,5° \leq \alpha < 157,5°$	*und*	$292,5° \leq \alpha < 337,5°$

(B) Überprüfe, ob die Abweichungen der Gradientenrichtungen des aktuellen Pixels und seiner beiden Nachbarn in gegebenen Schranken liegen. Sind diese Schranken überschritten, so nehme das nächste aktuelle Pixel und beginne wieder bei (A). In der Wahl dieser Schranken unterscheiden sich die Verfahren der o.g. Autoren. Gängige Werte sind $\pm15°$, $\pm45°$ und $\pm90°$.

(C) Ist der Gradientenbetrag des aktuellen Pixels nicht größer als der beider Nachbarn, so unterdrücke ihn und beginne mit dem nächsten aktuellen Pixel bei (A).

(D) Optional: Unterschreitet der Gradientenbetrag des aktuellen Pixels eine (niedrige) Schwelle, so unterdrücke ihn auch bei lokaler Maximalität. Beginne mit dem nächsten aktuellen Pixel bei (A).

Der soeben dargestellte Algorithmus wird nun auf das Beispiel in Bild 4.2 angewendet. Bild 4.3a zeigt die Wahl der Richtungsmasken, Bild 4.3b bis Bild 4.3d die Ergebnisse der Nonmaxima-Unterdrückung für die Schranken $\pm15°$, $\pm45°$ und $\pm90°$ (Schritt (B) des Algorithmus). Nachbarn eines aktuellen Pixels, deren Gradientenbetrag Null ist, wurden in die Schrankenüberprüfung nicht einbezogen. Eine Schwellenoperation fand nicht statt.

Paler/Kittler [4.13] modifizierten das Basisverfahren durch die Verwendung von vier Nachbarn. Die entsprechend veränderten Richtungsmasken zeigt Bild 4.6. Die Wahl der anzuwendenden Maske bestimmt die Gradientenrichtung α des aktuellen Pixels (in Bild 4.6 dunkel) auf folgende Weise:

Maske (a):	$0° \leq \alpha < 45°$	*und*	$180° \leq \alpha < 225°$
Maske (b):	$45° \leq \alpha < 90°$	*und*	$225° \leq \alpha < 270°$
Maske (c):	$90° \leq \alpha < 135°$	*und*	$270° \leq \alpha < 315°$
Maske (d):	$135° \leq \alpha < 180°$	*und*	$315° \leq \alpha < 360°$

Der modifizierte Algorithmus wird wiederum auf das Beispiel in Bild 4.2 angewendet. Bild 4.5a zeigt die Wahl der Richtungsmasken, Bild 4.5b bis

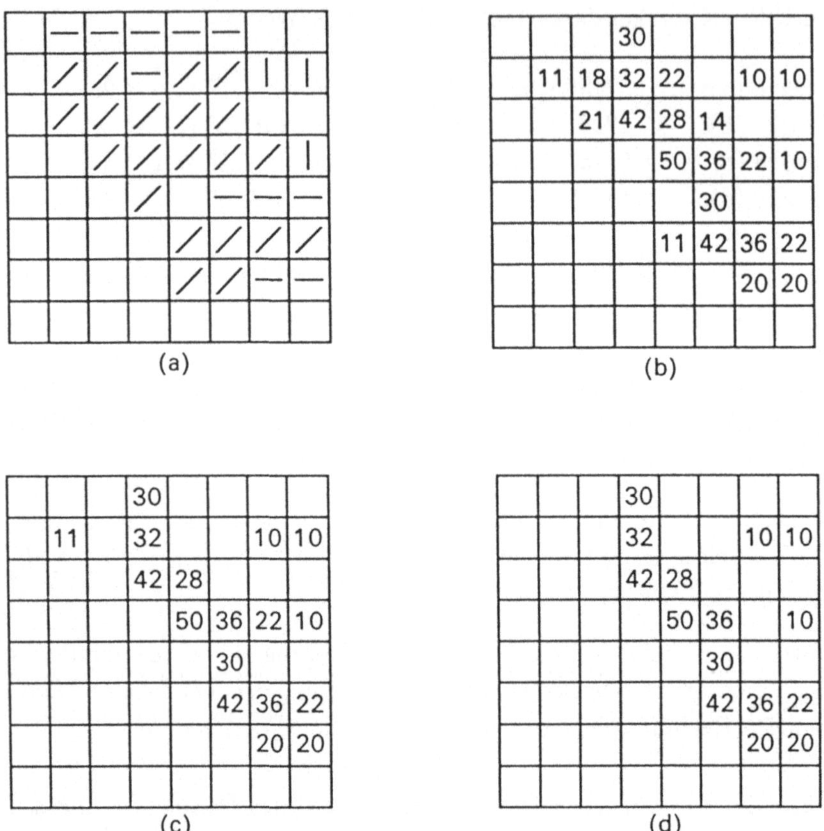

Bild 4.3. Verdünnung des Gradientenbetrages aus Bild 4.2 mit dem Basisalgorithmus, (a) Auswahl der Masken (vgl. Bild 4.4), (b) Toleranz ±15°, (c) Toleranz ±45°, (d) Toleranz ±90°

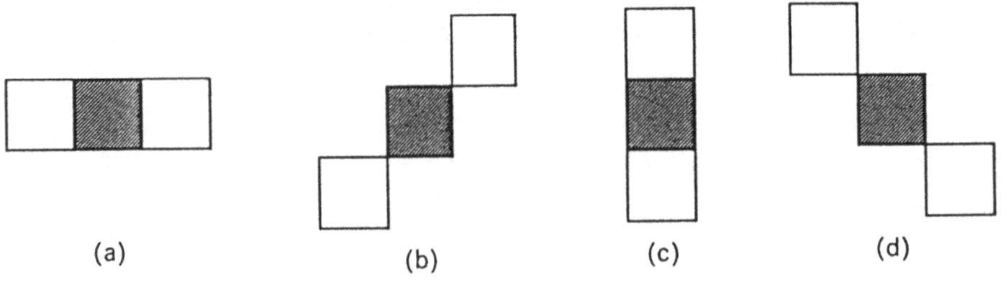

Bild 4.4. Die vier Masken des Basisalgorithmus

Bild 4.5d die Ergebnisse der Nonmaxima-Unterdrückung für die Schranken $\pm15°$, $\pm45°$ und $\pm90°$ (Schritt (B) des Algorithmus).

Eine Bewertung der Ergebnisse hängt von der Deutung des Ursprungsbildes (Bild 4.2a) ab. Gehen wir von der naheliegendsten Annahme aus, es handle sich um ein Objekt mit einer diagonalen Kante, die z.B. durch Abschattungseffekte unscharf dargestellt ist. In diesem Fall liefert die große Toleranz von $\pm90°$ das beste Ergebnis, wobei die Modifikation von Paler/Kittler keine wesentlichen Verbesserungen erbringt. Wählt man hingegen die engeren Toleranzen, so zeigt der Basisalgorithmus bessere Ergebnisse. Wie bereits erwähnt, ist diese Bewertung kritisch zu sehen. Paler/Kittler kommen (selbstverständlich mit anderen Bildvorlagen) zur gegenteiligen Bewertung. Diese kurz angerissene Problematik beschränkt sich mitnichten auf unser Beispiel, sondern durchzieht weite Bereiche der digitalen Bildverarbeitung.

4.2 Nonmaxima-Absorbtion

Die Unterdrückung der Nonmaxima bedeutet eine „Informationsvernichtung", da die verbleibenden Maxima unter Umständen wenig über den Verlauf des entsprechenden Grauwertsprungs aussagen. Den Schnitt durch einen Grauwertsprung (stetig dargestellt) und die durch Differenzenbildung generierte Kante zeigt Bild 4.7.

Im Fall der Nonmaxima-Unterdrückung verbliebe nur Pixel i. Günstiger wäre ein Aufsummieren der Differenzenbeträge der fünf Pixel und die Zuweisung dieser Summe zu Pixel i. Dieses Vorgehen führt zum Verfahren der Nonmaxima-Absorbtion. Es ist allerdings fraglich, ob die Differenzensumme grundsätzlich dem lokalen Maxima zugeordnet werden sollte, wie es der Name des Verfahrens suggeriert. Hanson/Riseman [4.6] [4.7] schlagen vor, den „Massenschwerpunkt" der Kante (center of gravity) zu verwenden. Bild 4.8 zeigt zwei Beispiele zum Problem der Plazierung der verdünnten Kante.

Eine typische Realisierung ist das Verfahren von Eberlein [4.4]. Eine Anwendung dieses Verfahrens beschreibt Perkins [4.14]. Der zugehörige Algorithmus verläuft wie folgt:

(A) Ermittle zwei Nachbarn (der 4er-Nachbarschaft) des aktuellen Pixels, so daß die Bedingung „quer zur Kantenrichtung" erfüllt ist. Aufgrund der 4er-Nachbarschaft müssen die Gradientenrichtungen in 90°-

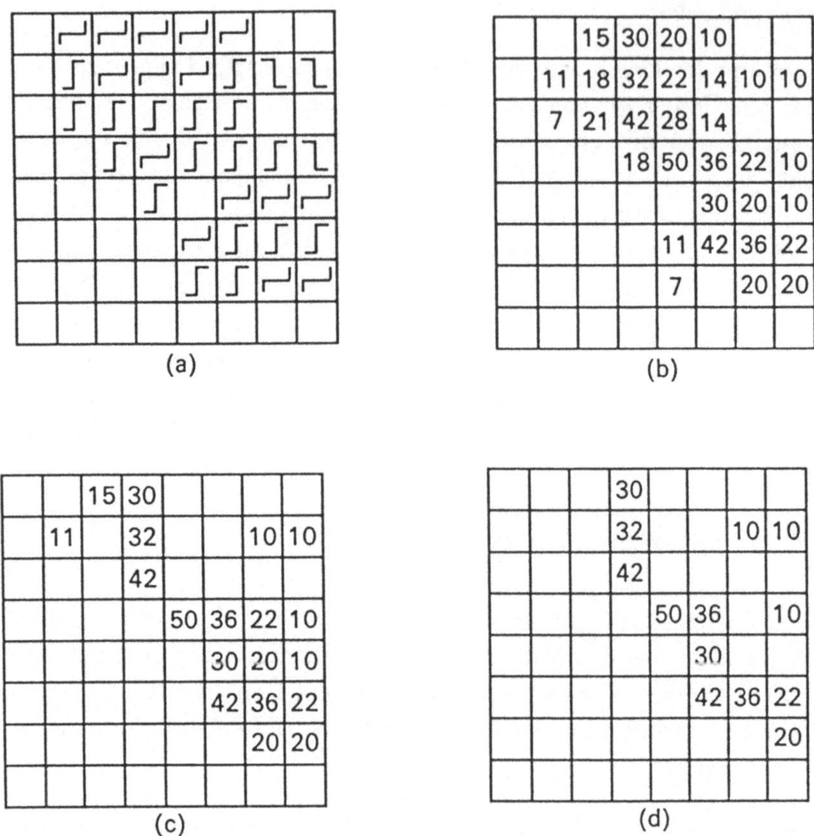

Bild 4.5. Verdünnung des Gradientenbetrages aus Bild 4.2 mit dem Paler/Kittler-Algorithmus, (a) Auswahl der Masken (vgl. Bild 4.6), (b) Toleranz ±15°, (c) Toleranz ±45°, (d) Toleranz ±90°

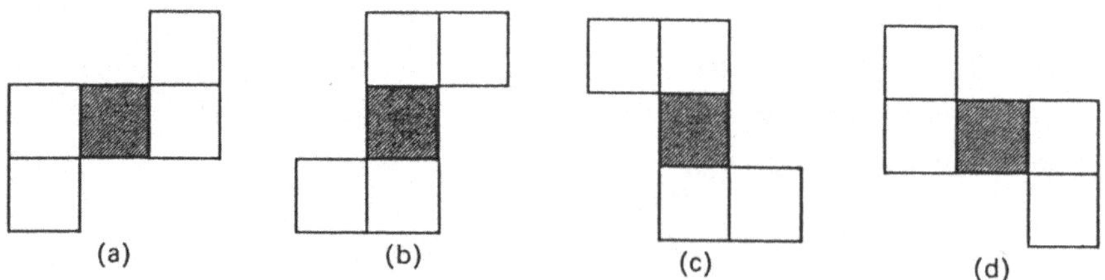

Bild 4.6. Die vier Masken des Paler/Kittler-Algorithmus

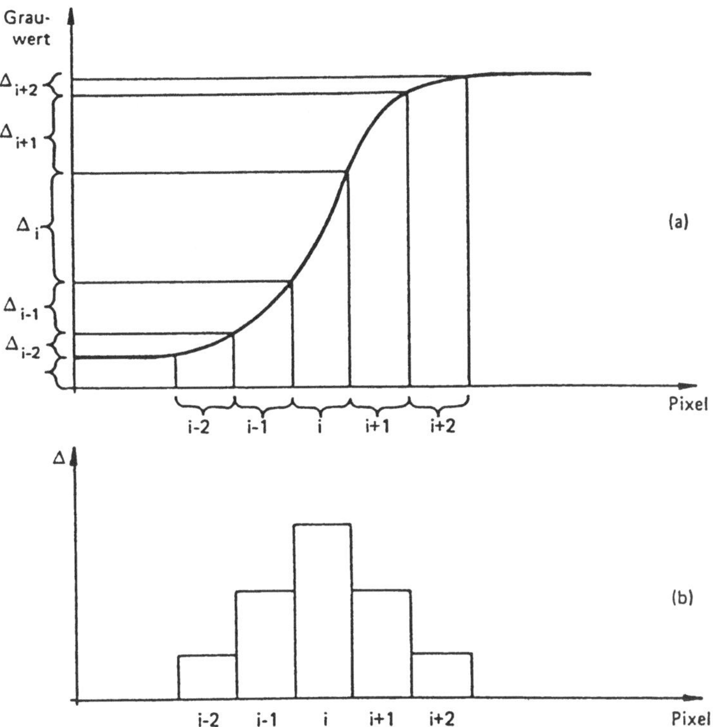

Bild 4.7. (a) Schnitt durch einen Grauwertsprung in Richtung des maximalen Anstiegs, also quer zum Verlauf der Kante, (b) Schnitt durch die entsprechende Kante

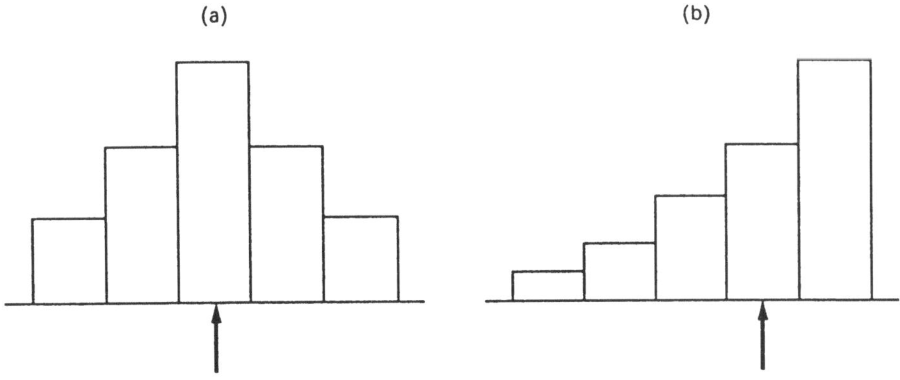

Bild 4.8. Zur Plazierung der mittels Nonmaxima-Absorbtion verdünnten Kante

Schritten quantisiert werden, d.h. es kommen lediglich die Masken (a) und (c) in Bild 4.4 zur Anwendung.

(B) Betrachte wahlweise einen der beiden Nachbarn.

(C) Wenn die Gradientenrichtung des aktuellen Pixels mit der des gewählten Nachbarn nicht übereinstimmt, dann gehe zu (E).

(D) Wenn der Gradientenbetrag des gewählten Nachbarn kleiner ist als der des aktuellen Pixels, dann absorbiert letzterer eine Portion Φ des Nachbarn.

(E) Betrachte den anderen Nachbarn.

(F) Wenn die Gradientenrichtung des aktuellen Pixels mit der des gewählten Nachbarn nicht übereinstimmt, dann beginne mit dem nächsten aktuellen Pixel bei (A).

(G) Wenn der Gradientenbetrag des gewählten Nachbarn kleiner ist als der des aktuellen Pixels, dann absorbiert letzterer eine Portion Φ des Nachbarn.

(H) Beginne mit dem nächsten aktuellen Pixel bei (A).

Im Gegensatz zur Nonmaxima-Unterdrückung reicht ein einmaliger Durchlauf des Algorithmus allerdings nicht. Eberlein und Perkins verwenden typischerweise vier Iterationen. Der Grund für dieses Vorgehen liegt in der Verwendung des Absorbtionsfaktors Φ. Er sollte $0,5$ betragen, denn (Zitat Eberlein) „The value, 0.5, is a good choice for Φ because a dying point will go to 0 immediately if both its neighbors are larger than it is". Wäre in diesem Fall $\Phi > 0,5$, dann erhielte man negative Gradientenbeträge. Ist hingegen $\Phi < 0,5$, so wird der Verdünnungsprozeß unnötig verlangsamt.

Bild 4.9 zeigt die Anwendung des Algorithmus auf das Beispiel aus Bild 4.2. In Bild 4.9a sind Gradientenbetrag *und* -richtung (90°-Quantisierung) des unverdünnten Kantenbildes eingetragen. Dadurch wird die Ausführung des Algorithmus „per Hand" erleichtert. Die Bilder 4.9b bis Bild 4.9d zeigen drei Iterationen des Verfahrens. Nach dem dritten Schritt (d) erfolgt eine Schwellenoperation, die Gradientenbeträge unterhalb von zehn unterdrückt. Die verbliebenen Beträge wurden gerundet.

Zum Abschluß sei auf drei weitere Grauwert-Verdünnungsverfahren hingewiesen, die nicht speziell der Konturaufbesserung dienen, und daher hier nicht beschrieben werden: [4.3] [4.1] [4.8].

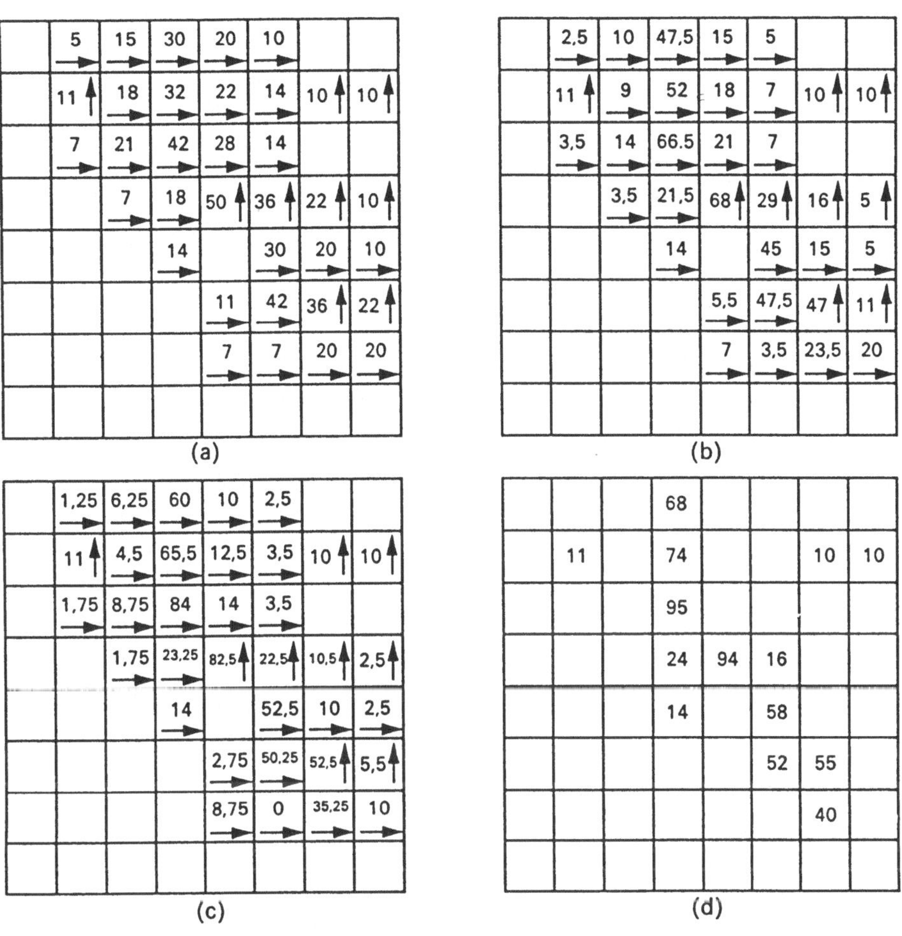

Bild 4.9. Beispiel für den Eberlein-Algorithmus, (a) Beträge und Richtung des Gradienten aus Bild 4.2, (b) Ergebnis der 1. Iteration, (c) Ergebnis der 2. Iteration, (d) Ergebnis der 3. Iteration (Beträge < 10 wurden unterdrückt, die übrigen gerundet)

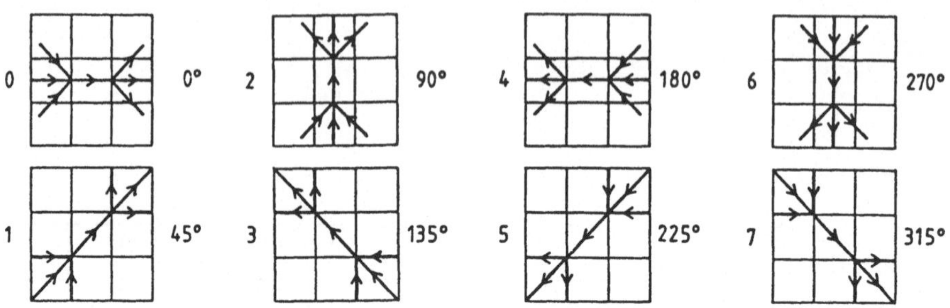

Bild 4.10. Lokaler Zusammenhang von Konturelementen in einem 3x3-Fenster [4.17] [4.18]

4.3 Analyse des lokalen Zusammenhangs

Das im folgenden dargestellte Verfahren wurde von Robinson/Reis vorgeschlagen [4.17] [4.18]. Ausgangspunkt sei wiederum das Ergebnis eines Gradientenoperators in der Form eines Betrags- und eines Richtungsbildes. Die
Gradientenrichtungen sind in 45°-Schritten quantisiert. In einem 3x3-Fenster
wird das zentrale Pixel als Kantenpixel übernommen, wenn die beiden folgenden Bedingungen erfüllt sind:

(a) Auf der Basis des Richtungsbildes muß die Gradientenrichtung des
     zentralen Pixels in den lokalen Zusammenhang passen (local connect-
     ivity).

(b) Auf der Basis des Betragsbildes muß der Gradientenbetrag des zen-
     tralen Pixels oberhalb einer adaptiven Schwelle liegen.

Ist eine dieser Bedingungen nicht erfüllt, so ist das zentrale Pixel Hintergrund. Ergebnis des Verfahrens ist mithin ein binäres Kantenbild. Die
Ermittlung des lokalen Zusammenhangs erfolgt *längs* der Kontur. Dazu ver-
drehen wir die Gradientenrichtungen um 90°, so daß diese den Konturver-
lauf wiedergeben. Für unser bekanntes Beispiel zeigt Bild 4.11a das Ergebnis dieses Vorgangs. Nun kommen wiederum die in Bild 4.4 dargestellten
Masken zur Anwendung. Der Unterschied ist, daß sie in diesem Fall nicht
quer, sondern längs zur Kontur aufliegen. Der lokale Zusammenhang ist
dann gegeben, wenn die Gradientenrichtungen der beiden jeweiligen Nachbarn nicht mehr als ±45° von der Richtung des zentralen Pixels abweichen.

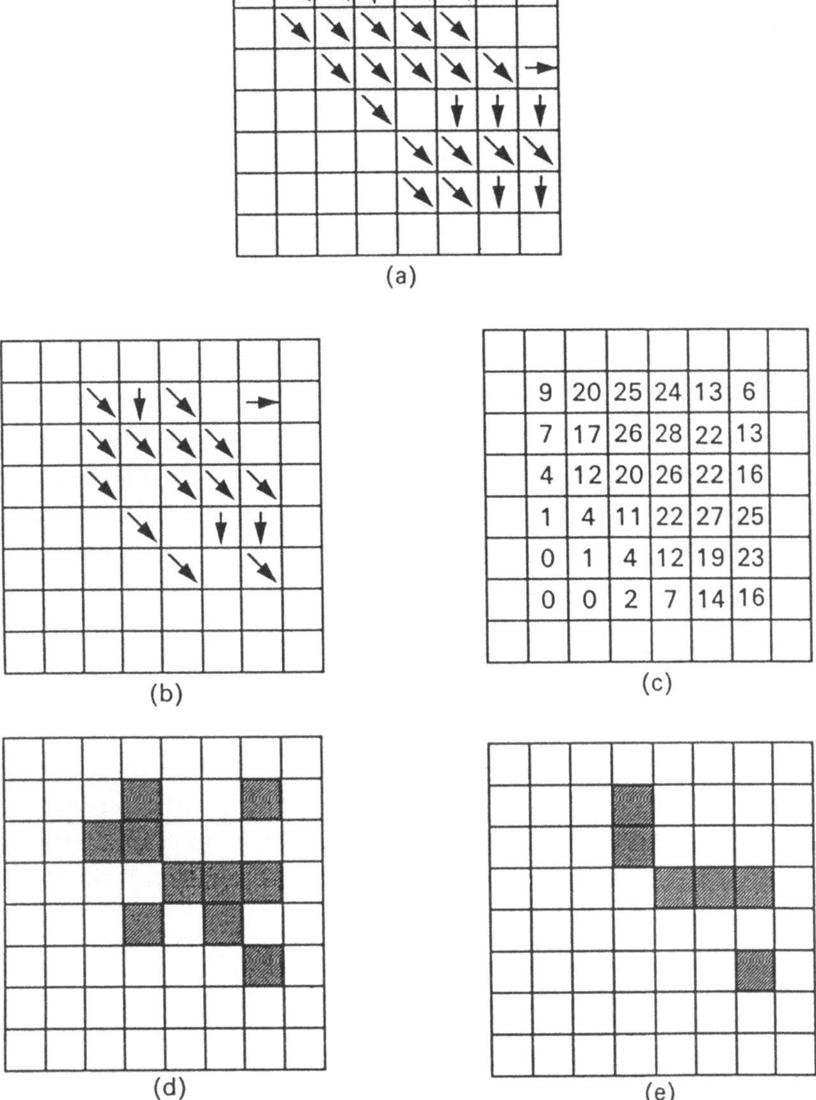

Bild 4.11. Anwendung des Robinson/Reis-Verfahrens auf das Beispiel in
Bild 4.2, (a) Gradientenrichtung minus 90°, (b) Die nach der Zusammenhangsanalyse verbliebenen Konturelemente, (c) Mittelwerte der Gradientenbeträge, ermittelt über eine 8er-Nachbarschaft, (d) Verbliebene Konturelemente für einen Offset von 1, (e) Verbliebene Konturelemente für einen Offset
von 5

Es ergeben sich somit die in Bild 4.10 gezeigten Konstellationen. Das Ergebnis der Zusammenhangsanalyse für unser Beispiel zeigt Bild 4.11b.

Zur Ermittlung der adaptiven Schwelle beschreiben Robinson/Reis [4.17] [4.18] verschiedene Vorgehensweisen. Aus Gründen der Übersichtlichkeit verwenden wir für unser Beispiel den lokalen Mittelwert des Gradientenbetrages (Bild 4.11c) ermittelt über eine 8er-Nachbarschaft. Sind nun die ungemittelten Gradientenbeträge größer (oder gleich) den gemittelten Beträgen (zuzüglich eines wählbaren Offset) *und* ist die entsprechende Zusammenhangsanalyse positiv ausgefallen, dann erhält man einen Konturpunkt. Die Bilder 4.11d und 4.11e zeigen die Ergebnisse für einen Offset von 1 bzw. 5.

Wegen seiner Einfachheit ist das gesamte Verfahren problemlos für Echtzeitanwendungen geeignet. Allerdings sollten die Erwartungen hinsichtlich der Aufbesserungsleistung nicht allzu hoch angesetzt werden. Es handelt sich letztlich nur um ein „intelligentes" Schwellwertverfahren, d.h. sein Ziel ist die möglichst schnelle Überführung des Gradientenbildes in ein binäres Kantenbild.

4.4   Relaxation

Die grundlegende Idee der Relaxation geht weit über das Gebiet der Konturaufbesserung hinaus. Objekte, die in nachbarschaftlichen Beziehungen zueinander stehen, sollten einem gewissen Homogenitätskriterium genügen. Weisen aber einige der Objekte abweichende Eigenschaften auf, so werden dieselben der „Allgemeinheit" angeglichen. Übertragen auf unser Problem der Konturaufbesserung bedeutet dies, daß z.B.

- starke Konturelemente in einer Umgebung mit schwachen Elementen wahrscheinlich auf Rauschvorgänge zurückzuführen sind und somit unterdrückt werden sollten,

- schwache Konturelemente mitten in einer ausgeprägten Kontur „gestärkt" werden,

- ein Konturelement mit senkrechter Ausrichtung innerhalb einer waagerechten Kontur, letzterer angepaßt wird.

Relaxationsverfahren sind grundsätzlich iterativer Natur (in der Praxis verwendet man 5 bis 10 Iterationen). Außerdem ist der Rechenaufwand erheb-

	l_l		
	$-$	$\mid$	$\bullet$
$-$	1	-1	0
l_k $\mid$	-1	1	0
$\bullet$	0	0	1

Bild 4.12. Beispiel für Kompatibilitätskoeffizienten

lich. Dieser Nachteil wird allerdings durch eine ausgeprägte Parallelisierbarkeit ausgeglichen.

Die drei folgenden Abschnitte beschreiben typische Relaxationsverfahren zur Konturaufbesserung. Auf ein weiteres interessantes Verfahren sei verwiesen [4.5]. Einen guten Überblick über das gesamte Thema „Relaxation" bietet der Artikel von Kittler/Illingworth [4.9]. Die Entwicklung der praxisorientierten Verfahren beruht stark auf intuitivem Vorgehen. Einen „theoretischen Überbau" liefern Kittler/Föglein [4.10] [4.11].

4.4.1 Das Verfahren von Zucker/Hummel/Rosenfeld

Die ersten Ansätze zur Relaxation lassen sich bis in die 50iger Jahren zurückverfolgen [4.9]. Populär allerdings wurden diese Verfahren durch die Veröffentlichung von Rosenfeld/Hummel/Zucker [4.20]. Ein Jahr später schlugen diese Autoren eine Anwendung zur Konturaufbesserung vor [4.23]. Diese sei im folgenden näher beschrieben, wobei auch die Struktur des allgemeinen Verfahrens deutlich wird.

Ausgangspunkt ist eine Menge von Objekten $A = \{a_1, ..., a_n\}$. Jedes dieser Objekte kann Eigenschaften (Label) aus der Menge $L = \{l_1, ..., l_m\}$ annehmen. In unserem Fall sind die Objekte Pixel. Sie können die Eigenschaften „senkrechtes Konturelement", „waagerechtes Konturelement" und „Nicht-Kante" annehmen. Diese Label seien durch $\mid$, $-$ und $\bullet$ symbolisiert.

$P_i(l_k)$ sei die Wahrscheinlichkeit, daß das Objekt a_i das Label l_k annimmt. Dabei gilt

$$\sum_{k=1}^{m} P_i(l_k) = 1. \tag{4.1}$$

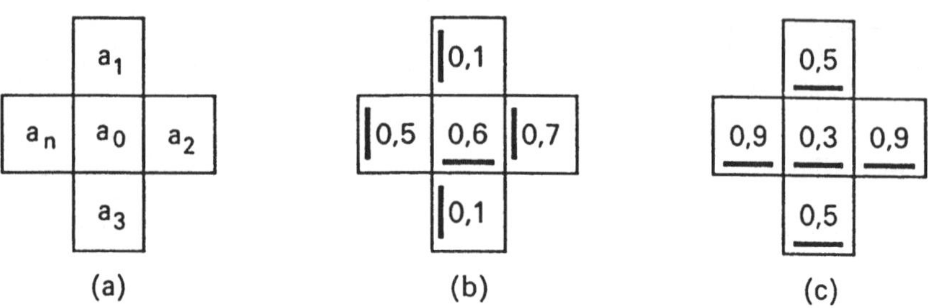

Bild 4.13. Zwei Beispiele für Nachbarschaftsverhältnisse: (a) Indizierung der Konturelemente, (b) Das zentrale Element paßt nicht in die Nachbarschaft, (c) Das zentrale Element paßt in die Nachbarschaft, sein Betrag ist aber etwas zu niedrig

Zur Vereinfachung sollen sich in unserem Fall | und $-$ ausschliessen, d.h. ein Konturelement ist entweder senkrecht oder waagerecht ausgerichtet. Zur Ermittlung der Wahrscheinlichkeit werden die Gradientenbeträge auf Eins normalisiert. Die Label | und $-$ erhält man aus den Gradientenrichtungen. Für die Wahrscheinlichkeit einer Nichtkante gilt $P(\bullet) = 1 - P(|)$ bzw. $P(\bullet) = 1 - P(-)$.

Interessant ist nun die Beziehung zwischen einem Objekt a_i mit dem Label l_k und einem Nachbarn a_j mit dem Label l_l. Quantifiziert wird die Beziehung mit Hilfe des Kompatibilitätskoeffizienten $r_{ij}(l_k, l_l)$. Dieser nimmt Werte im Intervall $[-1, +1]$ an, wobei -1 Inkompatibilität, $+1$ Kompatibilität und 0 Neutralität bedeuten. Für unseren Fall könnte man z.B. Kompatibilitätskoeffizienten gemäß Bild 4.12 wählen.

Beispiele für Nachbarschaftsverhältnisse zeigt Bild 4.13. Unser Objekt ist a_0, die Nachbarn sind a_1 bis a_4. Bild 4.13b zeigt das Beispiel eines aus der Homogenität der Nachbarschaft herausfallenden Objektes. In Bild 4.13c passen Objekt und Nachbarn zusammen, allerdings ist der Objektbetrag etwas zu niedrig.

Der Kompatibilitätskoeffizient beschreibt die Beziehung zwischen Objekt und einem Nachbarn aufgrund ihrer Label, ohne die „Stärke" derselben zu beachten. Besteht z.B. eine ausgeprägte Inkompatibilität, so darf dieses nur wenig ins Gewicht fallen, wenn das Label des Nachbarn „schwach", d.h. $P_j(l_l)$ klein ist. Wir führen daher eine Wichtung der Kompatibilitätsfunktion

$r_{ij}(l_k, l_l)$ durch $P_j(l_l)$ ein

$$q_{ij}^s(l_k) = \sum_{l_l \in L} r_{ij}(l_k, l_l)\, P_j^s(l_l). \tag{4.2}$$

Diese Funktion nennt Kittler [4.9] [4.10] [4.11] „support function". Der Index s bedeutet die s-te Iteration des Relaxations-Prozesses. Für Objekt a_0 und Nachbar a_1 in Bild 4.13b erhalten wir z.B.

$$
\begin{aligned}
q_{01}^s(-) &= r_{01}(-,-)\, P_1^s(-) + \\
&\quad\ r_{01}(-,|)\, P_1^s(|) + \\
&\quad\ r_{01}(-,\bullet)\, P_1^s(\bullet) \\
&= 1 \cdot 0 + (-1) \cdot 0,1 + 0 \cdot 0,9 = -0,1.
\end{aligned}
$$

Für die Nachbarn a_2, a_3, a_4 erhält man

$$
\begin{aligned}
q_{02}^s(-) &= 1 \cdot 0 + (-1) \cdot 0,7 + 0 \cdot 0,3 = -0,7 \\
q_{03}^s(-) &= 1 \cdot 0 + (-1) \cdot 0,1 + 0 \cdot 0,9 = -0,1 \\
q_{04}^s(-) &= 1 \cdot 0 + (-1) \cdot 0,5 + 0 \cdot 0,5 = -0,5.
\end{aligned}
$$

Die Inkompatibilität zwischen dem Objekt und den *einzelnen* Nachbarn ist offensichtlich.

Wir benötigen zusätzlich eine Beschreibung der Beziehung zwischen Objekt und sämtlichen Nachbarn („total support")

$$q_i^s(l_k) = \sum_j d_{ij}\, q_{ij}^s(l_k). \tag{4.3}$$

Sämtliche „Einzel-Supports" werden also gewichtet und aufsummiert. Der Gewichtsfaktor d_{ij} beschreibt i.a. den Abstand zwischen Objekt und Nachbar, wobei

$$\sum_j d_{ij} \stackrel{!}{=} 1. \tag{4.4}$$

In unserem Fall sind sämtliche Abstände identisch, d.h. wir wählen $d_{ij} = 0,25$ für alle j und erhalten

$$q_0^s(-) = -0,35.$$

Mit Hilfe der „support function" kann nun die neue Wahrscheinlichkeit $P_i^{s+1}(l_k)$ berechnet werden

$$P_i^{s+1}(l_k) = P_i^s(l_k)[1 + q_i^s(l_k)]/N. \tag{4.5}$$

Der Normalisierungsfaktor N wird so gewählt, daß

$$\sum_{k=1}^{m} P_i^{s+1}(l_k) = 1$$

(s.a. (4.1)) und errechnet sich folgendermaßen

$$N = \sum_{k=1}^{m} P_i^s(l_k)[1 + q_i^s(l_k)]. \tag{4.6}$$

Für unser Beispiel benötigen wir noch $q_0^s(|)$ und $q_0^s(\bullet)$:

$$
\begin{aligned}
q_{01}^s(|) &= r_{01}(|,-)\, P_1^s(-) + \\
&\quad r_{01}(|,|)\, P_1^s(|) + \\
&\quad r_{01}(|,\bullet)\, P_1^s(\bullet) \\
&= (-1)\cdot 0 + 1\cdot 0,1 + 0\cdot 0,9 = 0,1 \\
q_{02}^s(|) &= (-1)\cdot 0 + 1\cdot 0,7 + 0\cdot 0,3 = 0,7 \\
q_{03}^s(|) &= (-1)\cdot 0 + 1\cdot 0,1 + 0\cdot 0,9 = 0,1 \\
q_{04}^s(|) &= (-1)\cdot 0 + 1\cdot 0,5 + 0\cdot 0,5 = 0,5 \quad \Rightarrow \quad q_0^s(|) = 0,35
\end{aligned}
$$

$$
\begin{aligned}
q_{01}^s(\bullet) &= r_{01}(\bullet,-)\, P_1^s(-) + \\
&\quad r_{01}(\bullet,|)\, P_1^s(|) + \\
&\quad r_{01}(\bullet,\bullet)\, P_1^s(\bullet) \\
&= 0\cdot 0 + 0\cdot 0,1 + 1\cdot 0,9 = 0,9 \\
q_{02}^s(\bullet) &= 0\cdot 0 + 0\cdot 0,7 + 1\cdot 0,3 = 0,3 \\
q_{03}^s(\bullet) &= 0\cdot 0 + 0\cdot 0,1 + 1\cdot 0,9 = 0,9 \\
q_{04}^s(\bullet) &= 0\cdot 0 + 0\cdot 0,5 + 1\cdot 0,5 = 0,5 \quad \Rightarrow \quad q_0^s(\bullet) = 0,65.
\end{aligned}
$$

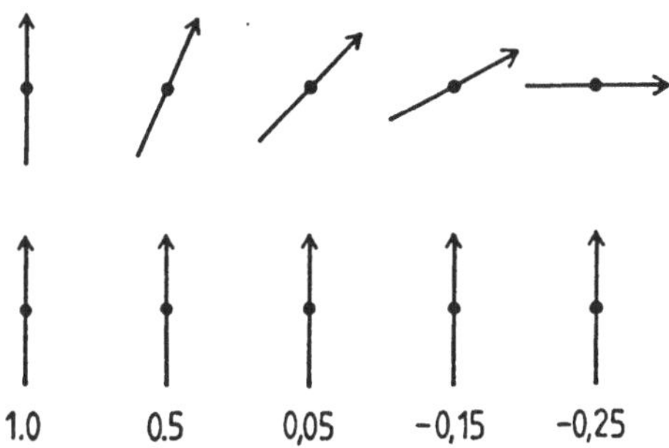

Bild 4.14. Kompatibilitätskoeffizienten einiger Konturelementkombinationen

Dann ist

$$
\begin{aligned}
N \; = \; & 0,6 \cdot [1 - 0,35] \; + \\
& 0 \cdot [1 + 0,35] \; + \\
& 0,4 \cdot [1 + 0,65] \; = \; 1,05
\end{aligned}
$$

und

$$
\begin{aligned}
P_0^{s+1}(-) \; = \; & P_0^s(-)\,[1 + q_0^s(-)]/N \\
= \; & 0,6 \cdot [1 - 0,35]/1,05 \\
= \; & 0,37.
\end{aligned}
$$

Die „Kantenstärke" des Objektes wurde also aufgrund der Inkompatibilität von $0,6$ auf $0,37$ gesenkt.

Die obige Rechnung angewandt auf das Beispiel in Bild 4.13c ergibt

$$
\begin{aligned}
q_0^s(-) &= 0,7 \\
q_0^s(|) &= -0,7 \\
q_0^s(\bullet) &= 0,3
\end{aligned}
$$

$$
N = 1,42
$$

$$
P_0^{s+1}(-) = 0,36.
$$

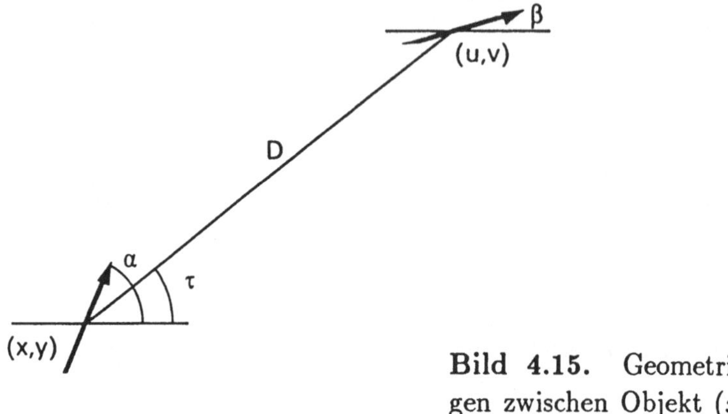

Bild 4.15. Geometrische Beziehungen zwischen Objekt (x, y) und Nachbar (u, v)

Die „Kantenstärke" des Objektes wurde hier aufgrund der Kompatibilität von $0,3$ auf $0,36$ angehoben.

Das obige Beispiel ist auf leichte Übersichtlichkeit zugeschnitten, ist allerdings recht simpel und entspricht nicht der Situation praktischer Anwendungen. Zucker/Hummel/Rosenfeld arbeiten mit wesentlich differenzierteren Kompatibilitätskoeffizienten (Bild 4.14) und Nachbarschaften. Unabhängig hiervon ist der Relaxations-Algorithmus derselbe. Ein Nachteil des Verfahrens ist die mangelnde Verdünnung. Daher schlagen die Autoren eine Modifikation vor, die dieses Manko beseitigt.

Auf eine Beschreibung dieses Verfahrens sei verzichtet, da sich in der Praxis diejenigen Verfahren besser bewährt haben, die direkt auf das Problem der Konturaufbesserung zugeschnitten sind.

4.4.2 Das Verfahren von Tilgner/Brandt/Wahl

Das Verfahren von Tilgner/Brandt/Wahl [4.22] basiert auf dem von Schachter/Lev/Zucker/Rosenfeld [4.21]. Es besteht eine Verwandschaft mit dem in Abschnitt 4.4.1 geschilderten Verfahren. Allerdings wurde die hier dargestellte Methode speziell für die Konturaufbesserung entwickelt und von Tilgner et al. zu diesem Zweck weiterentwickelt.

Ausgangspunkt ist wiederum das Ergebnis eines Gradientenoperators. Dessen Beträge $P(x, y)$ werden auf Eins normiert und als Wahrscheinlichkeit

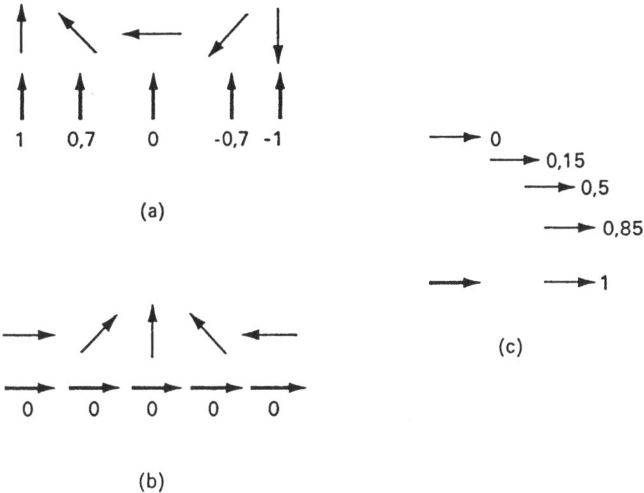

Bild 4.16. Einige Beispiele für RKK. Der fette Pfeil ist jeweils das Objekt. Die Zahlen sind die Werte des Parameters RKK für die jeweils dargestellte Situation. Einzelheiten hierzu sind dem Text zu entnehmen

für das Vorhandensein eines Konturpunkts am Ort (x,y) gedeutet. Die Wahrscheinlichkeit für einen Nicht-Konturpunkt ist dann $P'(x,y) = 1 - P(x,y)$. Die Gradientenrichtung wird um 90° „gedreht", d.h. $\theta(x,y) = \arctan(dy/dx) - 90°$ zeigt *in Richtung* der Kontur und nimmt Werte von $-180° \ldots +180°$ an.

Die Kompatibilität zwischen einem Objekt am Ort (x,y) und einem Nachbar am Ort (u,v) hängt von ihrer Stellung zueinander, sowie der jeweiligen Richtung $\theta(x,y)$ bzw. $\theta(u,v)$ des entsprechenden Konturelements ab. Bild 4.15 zeigt die Zusammenhänge mit

$$\begin{aligned}
\alpha &= \theta(x,y) \\
\beta &= \theta(u,v) \\
\tau &\quad \text{Neigung der Verbindungslinie} \\
D &= \max(|x-u|, |y-v|)
\end{aligned}$$

Mit Hilfe dieser Parameter werden die folgenden fünf Kompatibilitätsfunktionen (vgl. Abschnitt 4.4.1) ermittelt:

(1) Beeinflussung eines Konturelements am Ort (x,y) und eines Konturelements am Ort (u,v):

$$RKK(x, y, u, v) = \cos(\alpha - \tau)\cos(\beta - \tau)/2^D. \qquad (4.7)$$

Bild 4.16 veranschaulicht RKK unter der Annahme $2^D = 1$:

(a) Objekt und Nachbar liegen auf einer Linie ($\tau = 0°$), β wird variiert.

(b) Objekt und Nachbar liegen parallel zueinander ($\tau = 90°$). In dieser Situation beeinflussen sie sich grundsätzlich nicht.

(c) Für den Fall $\alpha = \beta$ wird τ variiert. Je kleiner τ ist, desto stärker ist die Beeinflussung.

(2) Beeinflussung eines $\underline{K}$onturelements am Ort (x, y) und eines $\underline{N}$icht-Konturelements am Ort (u, v)

$$RKN(x, y, u, v) = \min(0, -\cos(2\alpha - 2\tau))/2^D. \qquad (4.8)$$

Bild 4.17 veranschaulicht RKN unter der Annahme $2^D = 1$. Die Kästchen symbolisieren die Nicht-Konturelemente. Für kleine τ ergeben sich starke Inkompatibilitäten. Ab $\tau = 45°$ besteht dann keine Beeinflussung mehr.

(3) Beeinflussung eines $\underline{N}$icht-Konturelements am Ort (x, y) und eines $\underline{K}$onturelements am Ort (u, v)

$$RNK(x, y, u, v) = \min(0, -\cos(2\beta - 2\tau))/2^D. \qquad (4.9)$$

Bild 4.18 veranschaulicht RNK unter der Annahme $2^D = 1$. Das Kästchen symbolisiert das Nicht-Konturelement. Für kleine τ ergeben sich wiederum starke Inkompatibilitäten, während ab $\tau = 45°$ keine weitere Beeinflussung besteht.

(4) Beeinflussung eines $\underline{N}$icht-Konturelements am Ort (x, y) und eines $\underline{N}$icht-Konturelements am Ort (u, v)

$$RNN(x, y, u, v) = 1/2^D. \qquad (4.10)$$

RNN könnte man als „Regionen-Koeffizient" bezeichnen.

(5) Die Anwendung der vier genannten Funktionen führt unter Umständen zu einer Verdickung der Kontur. Als Gegenmaßnahme führten Tilgner et al. [4.22] folgende Funktion ein

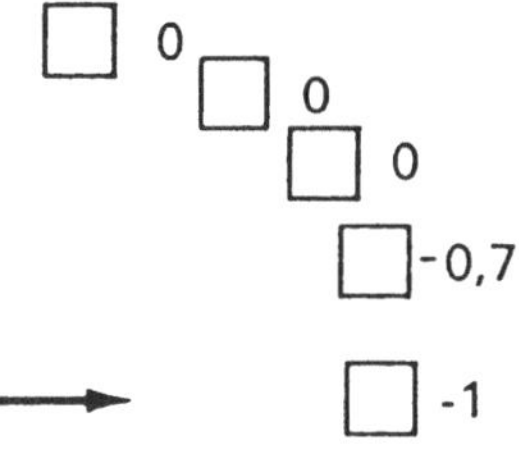

Bild 4.17. Beispiel für RKN. Der fette Pfeil ist das Objekt. Die Zahlen sind die Werte des Parameters RKN für die jeweils dargestellte Situation. Einzelheiten hierzu sind dem Text zu entnehmen

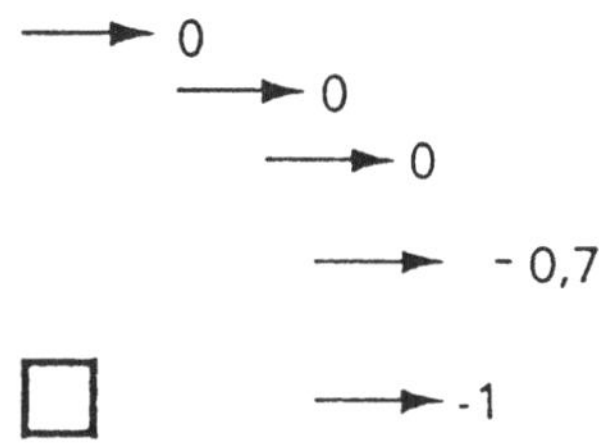

Bild 4.18. Beispiel für RNK. Der fette Pfeil ist das Objekt. Die Zahlen sind die Werte des Parameters RNK für die jeweils dargestellte Situation. Einzelheiten hierzu sind dem Text zu entnehmen

$$\mathrm{RNL}(x, y, u, v) = \sin(\alpha - \tau)\sin^2(\beta - \tau)/2^D. \tag{4.11}$$

Bild 4.19 veranschaulicht RNL unter der Annahme $2^D = 1$:

(a) Für den Fall $\alpha = \beta$ wird τ variiert. Je kleiner τ ist, desto *schwächer* ist die Beeinflussung. Auffällig ist außerdem die Vorzeichen-Unsymmetrie zwischen positiven und negativen τ gleichen Betrages. Dadurch wird die Beeinflussung von Konturpunkten in der Mitte einer breiten Kontur verhindert. Die Verdünnung soll an den Rändern der zu verdünnenden Kontur ansetzen.

(b) Objekt und Nachbar liegen parallel zueinander ($\tau = 90°$), β wird variiert.

Mit Hilfe der Kompatibilitätsfunktionen werden nun die „support functions" gebildet:

$$\mathrm{QKK}(x, y) = \sum_{u \neq x} \sum_{v \neq y} P(u, v)\,\mathrm{RKK}(x, y, u, v)$$

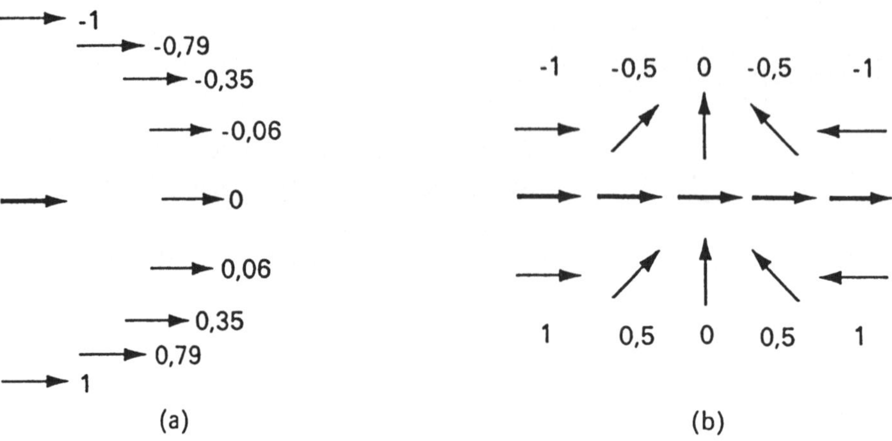

Bild 4.19. Beispiel für RNL. Der fette Pfeil ist das Objekt. Die Zahlen
sind die Werte des Parameters RNL für die jeweils dargestellte Situation.
Einzelheiten hierzu sind dem Text zu entnehmen

$$QKN(x,y) = \sum_{u \neq x} \sum_{v \neq y} P'(u,v)\, RKN(x,y,u,v)$$

$$QNK(x,y) = \sum_{u \neq x} \sum_{v \neq y} P(u,v)\, RNK(x,y,u,v) \qquad (4.12)$$

$$QNN(x,y) = \sum_{u \neq x} \sum_{v \neq y} P'(u,v)\, RNN(x,y,u,v)$$

$$QNL(x,y) = \sum_{u \neq x} \sum_{v \neq y} P(u,v)\, RNL(x,y,u,v).$$

Tilgner et al. arbeiten mit einem Fenster der Größe 5x5, d.h. die Berechnung einer „support function" für *ein* Objekt basiert auf 24 Nachbarn. Da
fünf „support functions" vorgesehen sind, bedeutet dies 120 Nachbarschafts-
operationen für ein Objekt. Ein Bild der Größe 512x512 erfordert mithin
ca. $3 \cdot 10^7$ derartige Operationen. Da außerdem jede einzelne dieser Operationen auf aufwendiger REAL-Arithmetik (trigonometrische Funktionen,
Multiplikation, Division) beruht, ist der gesamte Rechenaufwand sehr hoch.

Mit Hilfe der „support functions" werden nun der neue Betrag bzw. die neue
Richtung des Konturpunkts am Ort (x,y) berechnet. Dazu bilden wir den
Verstärkungsfaktor

$$QK(x,y) = C_1 QKK(x,y) + C_2 QKN(x,y) \tag{4.13}$$

sowie den Abschwächungsfaktor

$$QN(x,y) = C_3 QNK(x,y) + C_4 QNN(x,y) + C_5 |QNL(x,y)|. \tag{4.14}$$

Die Parameter C_1 bis C_5 sind frei wählbar. Ihre Bedeutung wird später erläutert. QK und QN werden folgender lokalen Normierung unterworfen

$$QK' = \frac{QK}{|QK| + |QN|} + 1 \tag{4.15}$$

$$QN' = \frac{QN}{|QK| + |QN|} + 1.$$

Mit diesen Werten wird eine neue Wahrscheinlichkeit für das Vorhandensein eines Konturpunktes gebildet

$$P^{i+1}(x,y) = \frac{P^i(x,y)}{P^i(x,y) + \frac{QN'}{QK'} P'^i(x,y)}. \tag{4.16}$$

Die Normierung gewährleistet, daß $P_{i+1}(x,y)$ im Intervall $[0,1]$ liegt. Die neue Richtung berechnet sich folgendermaßen

$$\theta^{i+1}(x,y) = \arctan \frac{DY(x,y)}{DX(x,y)} \tag{4.17}$$

mit

$$DX(x,y) = W\,P(x,y)\,\cos\alpha + \sum_{u \neq x}\sum_{v \neq y} RKK(x,y,u,v)\,P(u,v)\,\cos\beta \tag{4.18}$$

$$DY(x,y) = W\,P(x,y)\,\sin\alpha + \sum_{u \neq x}\sum_{v \neq y} RKK(x,y,u,v)\,P(u,v)\,\sin\beta. \tag{4.19}$$

Die Einstellung der Parameter C_1 bis C_5 und W ist problematisch, da sie abhängig voneinander, vom Bildinhalt und vom Iterationsschritt sind.

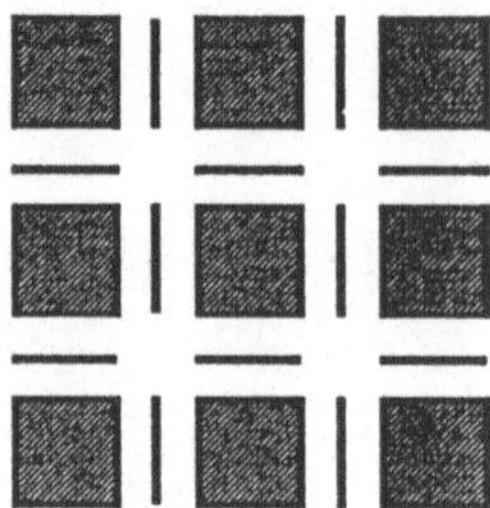

Bild 4.20. Interpixel-Darstellung der Konturpunkte, auch „crack edges" genannt

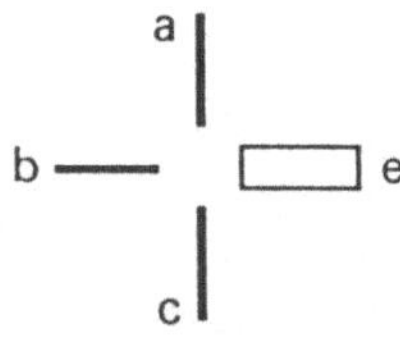

Bild 4.21. Nachbarschaftsverhältnisse an *einem* Ende einer „crack edge" e

Schachter et al. [4.21] wenden das Verfahren auf LANDSAT-Bilder an, Tilgner et al. [4.22] demonstrieren das Verfahren an künstlichen Bildern und variieren die o.g. Parameter abhängig vom Verrauschungsgrad und vom Iterationsschritt. Das im folgenden Abschnitt beschriebene Verfahren vermeidet das Problem der Einstellung diverser Parameter durch einen Ansatz, der sich stark von demjenigen der „Rosenfeld-Schule" unterscheidet.

4.4.3 Das Verfahren von Prager

Während die bisher besprochenen Verfahren auf Arbeiten von Rosenfeld et al. beruhen, ist Pragers Verfahren [4.15] im Zusammenhang mit dem VISIONS Bildverarbeitungs-System von Hanson/Riseman et al. [4.6] [4.7] zu sehen. Beide „Schulen" unterscheiden sich deutlich voneinander.

Das beginnt bereits bei der Kantendarstellung. Pragers Arbeit beruht auf dem Interpixel-Modell (Bild 4.20), auch „crack edges" genannt [4.2]. Die Beträge der Konturelemente errechnen sich aus der Differenz der Grauwerte der beiden Pixel, zwischen denen das Konturelement liegt. Dabei wird grundsätzlich der Betrag dieser Differenz gebildet, d.h. negative „Kantenstärken" treten nicht auf. Für die Zwecke der Relaxation unterwirft man die Beträge einer Normierung auf Eins, deutet also die „Kantenstärke" wiederum als Wahrscheinlichkeit für das Vorhandensein eines Konturelements. Die Richtung der Konturelemente ist durch ihre Lage zwischen den Pixeln auf „waagerecht" oder „senkrecht" beschränkt.

Aufgrund der Interpixel-Darstellung sind die Nachbarschaftsverhältnisse besonders einfach. Bild 4.21 zeigt dieses für ein „Ende" des aktuellen Konturelements e. Jedes der beiden Enden von e bekommt eine Kennziffer k, die die Anzahl der einwirkenden Nachbarelemente (unabhängig von deren Position a, b oder c) repräsentiert. Mithin ist $k \in \{0,1,2,3\}$. Was aber bedeutet „Einwirkung der Nachbarelemente"? Die einfachste Lösung wäre es, die Beträge der Nachbarelemente einer Schwellenoperation zu unterwerfen. Die diese Schwelle überschreitenden Nachbarn wirken „gleichberechtigt" auf e ein. Die übrigen Nachbarn werden ignoriert. Diese Vorgehensweise ist allerdings sehr undifferenziert. Prager geht daher von den (auf Eins normierten) unbeeinflußten Beträgen der Nachbarn a, b, c aus und deutet diese als Wahrscheinlichkeit P_a, P_b, P_c für das Vorhandensein dieser Konturelemente. Die Wahrscheinlichkeiten für das Nicht-Vorhandensein eines Konturelements sind dann $P'_a = 1 - P_a$ usw. Nun berechnet Prager die Kombinationen

$$
\begin{aligned}
t_0 &= P'_a \, P'_b \, P'_c \\
t_1 &= P_a \, P'_b \, P'_c \\
t_2 &= P_a \, P_b \, P'_c \\
t_3 &= P_a \, P_b \, P_c,
\end{aligned}
\tag{4.20}
$$

wobei er ohne Verlust der Allgemeingültigkeit von $P_a \geq P_b \geq P_c$ ausgeht. Dann ist k der Index des größten t_i:

$$
k = \max_i(t_i) \qquad mit \qquad i \in \{0,1,2,3\}.
\tag{4.21}
$$

Für ein Beispiel gehen wir von folgenden Daten aus

$$
\begin{aligned}
P_a &= 0,8 \\
P_b &= 0,7 \\
P_c &= 0,1.
\end{aligned}
$$

Dann erhält man

$$
\begin{aligned}
t_0 &= 0,05 \\
t_1 &= 0,22 \\
t_2 &= 0,50 \\
t_3 &= 0,06 \qquad und \qquad k = 2.
\end{aligned}
$$

In dieser Form führt das Verfahren allerdings zu Fehlern im Fall kleiner Wahrscheinlichkeiten. Seien z.B. $P_a = 0,25$ und $P_b = P_c = 0,01$. Dann sollte $k = 1$ sein, da wegen P_a mit großer Wahrscheinlichkeit ein Konturelement vorliegt. Dieses ist zwar relativ „schwach" aber eindeutig. Die Rechnung ergibt aber $k = 0$. Die Ursache erkennt man durch Umschreiben von (4.20)

$$
\begin{aligned}
t_0 &= (1 - P_a) & (1 - P_b) & \quad (1 - P_c) \\
t_1 &= \quad P_a & (1 - P_b) & \quad (1 - P_c) \\
t_2 &= \quad P_a & P_b & \quad (1 - P_c) \\
t_3 &= \quad P_a & P_b & \quad P_c.
\end{aligned}
\qquad (4.22)
$$

Das Ersetzen der Einsen in (4.22) durch den größten Wert m der drei Wahrscheinlichkeiten löst dieses Problem

$$
m = \max(P_a, P_b, P_c) = P_a. \qquad (4.23)
$$

Dadurch ergibt sich folgende Modifikation von (4.22)

$$
\begin{aligned}
t_0 &= (m - P_a) & (m - P_b) & \quad (m - P_c) \\
t_1 &= \quad P_a & (m - P_b) & \quad (m - P_c) \\
t_2 &= \quad P_a & P_b & \quad (m - P_c) \\
t_3 &= \quad P_a & P_b & \quad P_c.
\end{aligned}
\qquad (4.24)
$$

Nun tritt ein neues Problem auf: t_0 ist in jedem Fall Null. Das Fehlen jeglichen Nachbarkonturelementes ist mithin nicht detektierbar. Seien z.B. $P_a = 0,01$ und $P_b = P_c = 0,001$. Dann sollte $k = 0$ sein, da hier wohl kaum ein Konturelement zu vermuten ist. Die Rechnung ergibt aber $k = 1$.

Durch Einfügen eines Schwellwertes q in (4.23) läßt sich dieser Mangel beheben:

$$
m = \max(P_a, P_b, P_c, q) = \max(P_a, q). \qquad (4.25)
$$

Prager sieht für q einen Wert von ca. $0,1$ als günstig an.

Bisher betrachteten wir die Nachbarschaftsverhältnisse für nur ein „Ende" des aktuellen Konturelements e (Bild 4.21). Wir benötigen aber eine Bewertung für beide Enden. Dazu werden die beiden entsprechenden Koeffizienten k berechnet. Sei k_k (k_g) der kleinere (größere) Wert. Dann ist $k_k - k_g$ (— ist kein Minus-Zeichen, sondern ein Bindestrich) der „Nachbarschafts-Code" für das Konturelement e. Folgende Kombinationen sind möglich:

$$0 - 0, \quad 0 - 1, \quad 0 - 2, \quad 0 - 3$$
$$1 - 1, \quad 1 - 2, \quad 1 - 3$$
$$2 - 2, \quad 2 - 3$$
$$3 - 3$$

Die Veränderung des Betrags des aktuellen Konturelements P_e ist abhängig von diesem Code. Einige Beispiele sind:

$0 - 0$: e ist ein „einsames" Konturelement, dessen Existenz mit großer Wahrscheinlichkeit auf Rauschvorgänge zurückzuführen ist. Es ist daher sinnvoll P_e zu *verkleinern*.

$1 - 1$:   An beide Enden von e schließt sich exakt ein Nachbarelement an. Damit ist e mit großer Wahrscheinlichkeit Bestandteil einer Kontur. Daher ist es sinnvoll P_e zu *vergrößern*.

$0 - 1$:   Ein Ende von e ist offen, während das andere mit einem Nachbarelement verbunden ist. Es handelt sich mit großer Wahrscheinlichkeit um das Ende einer Kontur, das weder beschnitten noch erweitert werden darf. Es ist daher sinnvoll P_e *unverändert* zu lassen.

Die entsprechenden Überlegungen für die übrigen Kombinationen führen zu dem in Bild 4.22 gezeigten Ergebnis.

Es stellt sich nun die Frage nach der Quantifizierung der Veränderung von P_e. Während im Fall der beiden zuerst erläuterten Verfahren das gesuchte Quantum aus den jeweiligen Nachbarschaftsverhältnissen errechnet wurde, benutzt Prager eine feste Konstante c, die abhängig von der Konstellation (Bild 4.22) addiert, subtrahiert oder nicht angewendet wird:

$$
\begin{array}{lll}
\text{Vergrößern:} & P_e^{i+1} = \min(1, P_e^i + c) & \\
\text{Verkleinern:} & P_e^{i+1} = \max(0, P_e^i - c) & \text{(4.26)} \\
\text{Belassen:} & P_e^{i+1} = P_e^i &
\end{array}
$$

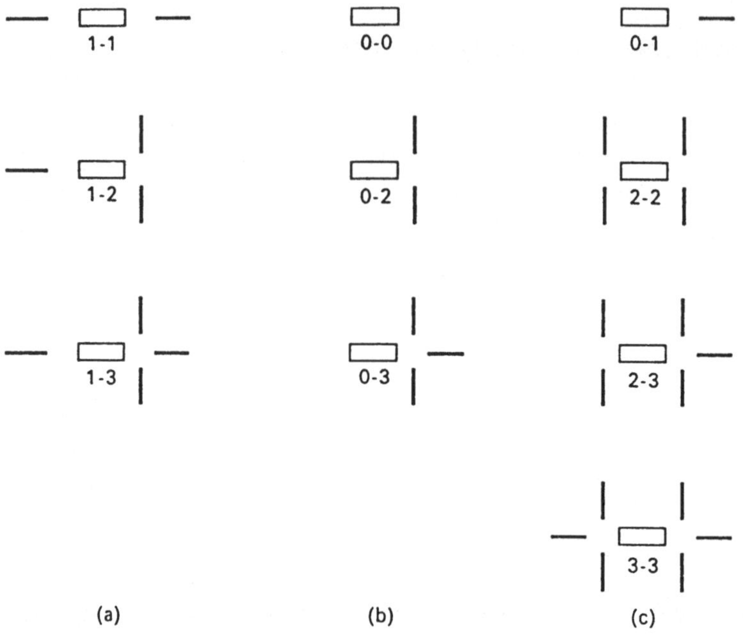

Bild 4.22. Nachbarschaftskonstellationen hinsichtlich ihrer Beeinflussung geordnet, (a) P_e vergrößern, (b) P_e verkleinern, (c) P_e belassen

Die min/max-Operationen verhindern die Verletzung der Intervallgrenzen von $[0,1]$. Wählt man c groß, so benötigt das Verfahren weniger Iterationen und entsprechend weniger Rechenzeit. Wählt man c klein, so sind wegen der relativ großen Anzahl von Iterationen die „Fernwirkungen" stärker, d.h. für die Veränderung von P_e stehen Informationen aus einer weitläufigeren Umgebung zur Verfügung. Ballard/Brown [4.2] schlagen $c = 0,1$ bis $0,3$ vor. Prager zieht die Grenzen enger und empfiehlt $c = 0,15$ bis $0,2$. Er berichtet weiterhin von Experimenten mit einem sich an den Bildinhalt adaptierenden Parameter c, sieht aber in allgemeinen Anwendungsfällen keine Notwendigkeit für dieses aufwendigere Vorgehen.

Nach Aussagen von Ballard/Brown [4.2] konvergiert das Verfahren in jedem Fall, d.h. genügend Iterationen vorausgesetzt, streben die Beträge aller Konturelemente gegen Null oder Eins. In der Praxis wird man sich auf die üblichen 5 bis 10 Iterationen beschränken und natürlich im Falle vorzeitiger Konvergenz abbrechen. Dieses unkritische Verhalten ist typisch für das gesamte Verfahren. Es unterscheidet sich hierin deutlich von den beiden zuerst besprochenen Verfahren, denen insbesondere das Problem der Einstellung diverser voneinander abhängiger Parameter anhaftet.

Literatur zu Kapitel 4

[4.1] Amiri, H.: Skelettierung von Grautonlinienbildern. Informatik Fachberichte 49, Berlin, Heidelberg, New York, Tokyo: Springer 1981, 312-318

[4.2] Ballard, D.H.; Brown, Ch.M.: Computer vision. Englewood Cliffs, New Jersey: Prentice-Hall 1982

[4.3] Dyer, Ch.R.; Rosenfeld, A.: Thinning algorithms for gray-scale pictures. IEEE Trans. PAMI-1 (1979) 88-89

[4.4] Eberlein, R.B.: An iterative gradient edge detection algorithm. Computer Graphics and Image Processing 5 (1976) 245-253

[4.5] Faugeras, O.D.; Berthod, M.: Improving consistency and reducing ambiguity in stochastic labeling: an optimization approach. IEEE Trans. PAMI-3 (1981) 412-424

[4.6] Hanson, A.R.; Riseman, E.M.: Segmentation of natural scenes. In: Hanson, A.R.; Riseman, E.M. (Eds.): Computer vision systems. New York: Academic Press 1978

[4.7] Hanson, A.R.; Riseman, E.M.: VISIONS: a computer system for interpreting scenes. In: Hanson, A.R.; Riseman, E.M. (Eds.): Computer vision systems. New York: Academic Press 1978

[4.8] Hilditch, C.J.: Comparison of thinning algorithms on a parallel processor. Image and Vision Computing 1, (1983) 115-132

[4.9] Kittler, J.; Illingworth, J.: Relaxation labeling algorithms - a review. Image and Vision Computing 3, (1985) 206-216

[4.10] Kittler, J.; Föglein, J.: On compatibility and support functions in probabilistic relaxation. Computer Vision Graphics and Image Processing 34 (1986) 257-267

[4.11] Kittler, J.: Compatibility and support functions in probabilistic relaxation. Int. Conf. on Pattern Recognition (1986) 186-189

[4.12] Nevatia, R.; Babu, K.R.: Linear feature extraction and description. Computer Graphics and Image Processing 13, (1980) 257-269

[4.13] Paler, K.; Kittler, J.: Greylevel edge thinning: a new method. Pattern Recognition Letters 1 (1983) 409-416

[4.14] Perkins, W.A.: Area segmentation of images using edge points. IEEE Trans. PAMI-2 (1980) 8-15

[4.15] Prager, J.M.: Extracting and labeling boundary segments in natural scenes. IEEE Trans. PAMI-2, (1980) 16-27

[4.16] Riseman, E.M.; Arbib, M.A.: Computational techniques in the visual segmentation of static scenes. Computer Graphics and Image Processing 6, (1977) 221-276

[4.17] Robinson, G.S.: Detection and coding of edges using directional masks. Opt. Engr. 16 (1977) 580-585

[4.18] Robinson, G.S.; Reis, J.J.: A real-time edge processing unit. Proc. of IEEE Workshop on Picture Data Description and Management (1977) 155-164

[4.19] Rosenfeld, A.; Thurston, M.: Edge and curve detection for visual scene analysis. IEEE Trans. C-20 (1971) 562-569

[4.20] Rosenfeld, A.; Hummel, R.A.; Zucker, S.W.: Scene labeling by relaxation operations. IEEE Trans. SMC-6 (1976) 420-433

[4.21] Schachter, B.J.; Lev, A.; Zucker, S.W.; Rosenfeld, A.: An application of relaxation methods to edge reinforcement. IEEE Trans. SMC-7 (1977) 813-816

[4.22] Tilgner, R.; Brandt, A.v.; Wahl, F.: Erfahrungen mit einem Relaxationsverfahren zur Kantendetektion. Informatik Fachberichte 20, Berlin, Heidelberg, New York, Tokyo: Springer 1979, 129-136

[4.23] Zucker, S.W.; Hummel, R.A.; Rosenfeld, A.: An application of relaxation labeling to line and curve enhancement. IEEE Trans. C-26 (1977) 394-403

5 Konturpunktverkettung

Die *Konturpunktverkettung* ist ein wichtiger aber auch schwieriger Verfahrensabschnitt, denn jetzt erst erfolgt die Detektion der eigentlichen Kontur. Sie wird dargestellt durch eine Folge von Koordinaten der zugehörigen Konturpunkte.

Man kann zwischen lokalen und globalen Verfahren unterscheiden. Lokale Verfahren suchen in einer eng begrenzten Nachbarschaft um das (als Konturpunkt angenommene) zentrale Pixel nach Fortsetzungselementen. Lokale Verfahren sind außerdem relativ einfach und daher wenig rechenintensiv. Sie erbringen allerdings nur im Fall unproblematischer Bildvorlagen befriedigende Ergebnisse. In Abschnitt 5.1 werden zwei typische Vertreter dieser Verfahrensklasse beschrieben.

Globale Verfahren nutzen die Information der gesamten bisher gefundenen Konturpunktkette, bzw. allgemeine Informationen des gesamten Bildes. Sie sind besonders geeignet für die Einbindung von Modellwissen. Befriedigende Ergebnisse sind letztlich nur mit ihrer Hilfe zu erhalten. Ihr Nachteil ist der erhebliche Rechenaufwand. In den Abschnitten 5.2 bis 5.4 werden die Hough-Transformation, die heuristische Suche sowie die dynamische Programmierung beschrieben. Den globalen Verfahren wurde bedeutend mehr Aufmerksamkeit gewidmet, da

- alle lokalen Verfahren auf ähnlichen Prinzipien beruhen und in ihrer spezifischen Ausführung sehr dem vorliegenden Problem angepaßt sind,

- die globalen Verfahren für zukünftige Entwicklungen vielversprechender sind und

- diese auf allgemeinen Überlegungen beruhen und daher sehr flexibel einsetzbar sind.

Letzteres trifft besonders für die dynamische Programmierung zu, die weniger ein spezielles Verfahren als vielmehr ein grundlegendes Optimierungswerkzeug ist.

Auf eine Beschreibung der typischen Linienverfolgungsverfahren wurde verzichtet, da sie unbefriedigend arbeiten, oftmals rechenaufwendig und nicht parallelisierbar sind. Eine gute Übersicht dieser Algorithmen bietet Haberäcker [5.15].

Außerdem sei noch auf einige Veröffentlichungen hingewiesen, die weitere interessante Ansätze beschreiben, jedoch hier nicht diskutiert werden: [5.4] [5.6] [5.8] [5.10] [5.12] [5.16] [5.21] [5.22] [5.23].

5.1   Lokale Verfahren

In diesem Abschnitt werden das von Rosenfeld/Kak [5.25] sowie das von Nevatia/Babu [5.24] vorgeschlagene Verfahren beschrieben.

Das erstgenannte Verfahren ist unter dem Namen „raster tracking" bekannt und geht von verdünnten Kurven aus, deren Krümmungen 90° nicht übersteigen sollten. Ein Beispiel zeigt Bild 5.1. Die zu verkettenden Konturpunkte (Bild 5.1a) werden nun (oben links beginnend) zeilenweise abgetastet und sämtliche Pixel, deren Gradientenbetrag eine gegebene Schwelle d (detection criterion) überschreiten, grundsätzlich als Bestandteil einer Kurve angesehen. Die derart gefundenen Pixel sind Kristallisationspunkte für die weitere Verkettung. Zu diesem Zweck betrachtet man die 8er-Nachbarschaft bereits gefundener Kurvenpixel, dieses allerdings auf die folgende Zeile beschränkt. Sind (x, y) die Koordinaten des Kurvenpixels, so sind also die Nachbarkoordinaten $(x-1, y+1)$, $(x, y+1)$ und $(x+1, y+1)$. Überschreiten die Grauwerte der Nachbarn eine Schwelle $t < d$ (tracking criterion), so werden sie als Bestandteil der Kurve angesehen. Bild 5.1d zeigt das Ergebnis für $d = 7$ und $t = 4$. Die Bilder 5.1b und 5.1c zeigen die Ergebnisse der Anwendung von jeweils nur einer Schwelle. Die hohe Schwelle findet lediglich Bestandteile der gesuchten Kurven, während die niedrige Schwelle rauschempfindlich ist.

Das oben geschilderte Verfahren bedarf für die praktische Anwendung einiger Verfeinerungen. In der vorgestellten „Rohform" ist es z.B. richtungssensitiv. Waagerechte Kurven werden nicht erkannt. Die möglichen Ausbaustufen sind ausführlich von Rosenfeld/Kak beschrieben.

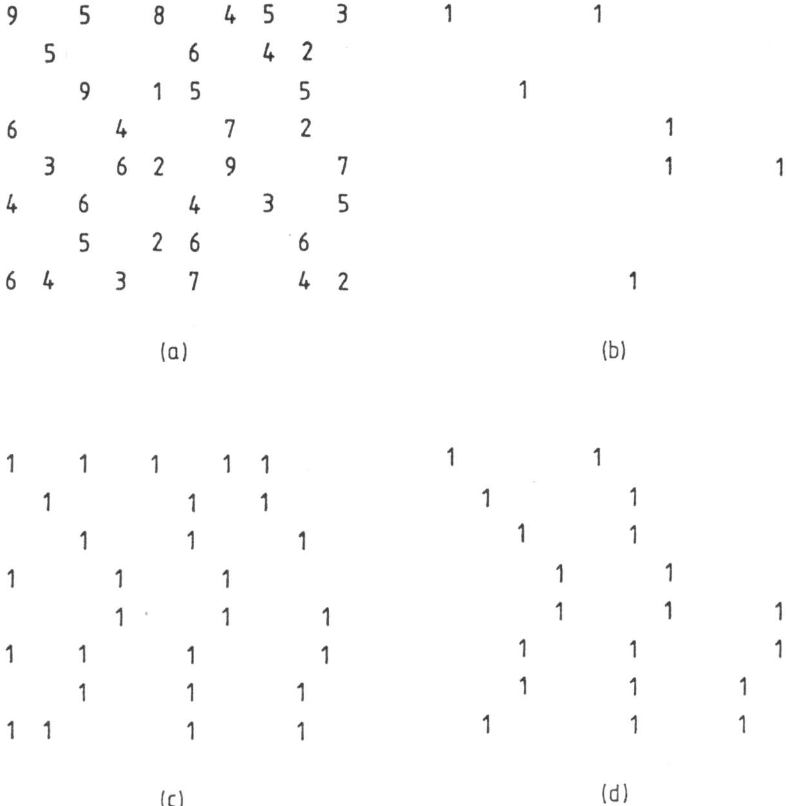

Bild 5.1. Beispiel für die Anwendung des „raster tracking"-Verfahrens [5.25]: (a) Ursprungsbild (Nullen nicht dargestellt), (b) Ergebnis einer Schwellenoperation für die Schwelle 7, (c) Ergebnis einer Schwellenoperation für die Schwelle 4, (d) Ergebnis des „trackings" für $d = 7$ und $t = 4$

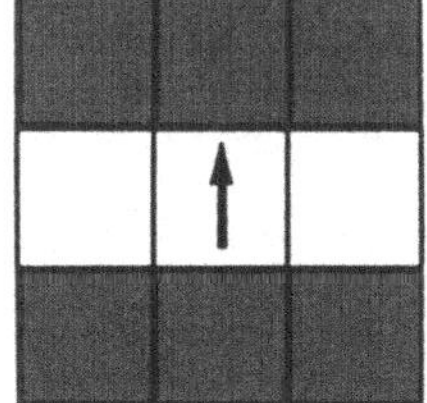
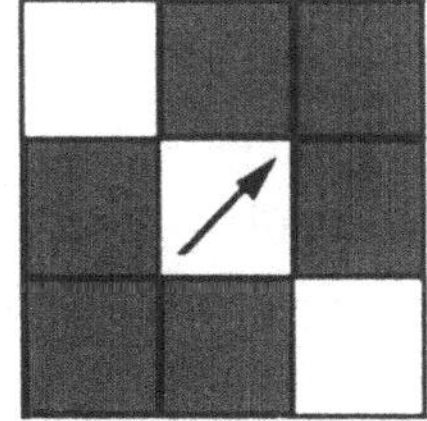

Bild 5.2. Mögliche Vorgänger und Nachfolger eines Konturpunktes (Pfeil)

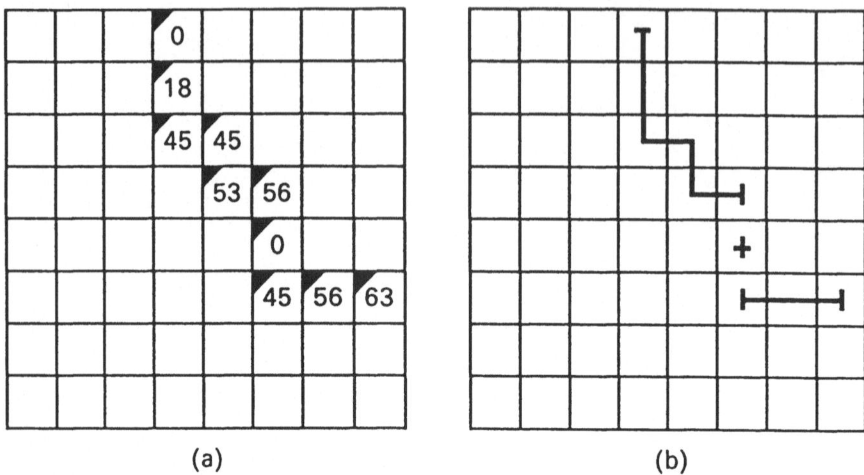

(a)   (b)

Bild 5.3. Verkettung des verdünnten Konturbildes aus Bild 5.2, (a) Das verdünnte Konturbild mit einer Schwelle 20, sowie den Gradientenrichtungen der verbliebenen Konturelemente, (b) Ergebnis der Verkettung

Während das Verfahren von Rosenfeld/Kak auf Grauwertkonturbildern arbeitet und diese in binäre Konturbilder überführt, basiert das Verfahren von Nevatia/Babu auf bereits verdünnten binären Konturbildern (inkl. Richtungsinformation). Das Verfahren geht davon aus, daß Konturpunkte entlang einer Kontur i.a. zwei Nachbarkonturpunkte (nämlich Vorgänger und Nachfolger) aufweisen. Diese sind in den dunklen Feldern der in Bild 5.2 gezeigten 3x3-Fenster zu suchen. Zwei benachbarte Konturpunkte werden verkettet, wenn ihre Richtungen nicht stärker als 30° differieren. Im speziellen Fall eines Endpunktes einer Kontur entfällt entweder der Nachfolger oder der Vorgänger. Auf den Verkettungsprozeß hat dieses ansonsten keinen Einfluß. Das nun folgende Beispiel basiert auf dem in Bild 4.3d gezeigten Ergebnis des Gradientenoperators sowie des Verdünnungsprozesses. Unterdrückt man nun Konturpunkte mit einem Gradientenbetrag von 20 und kleiner, so erhält man die in Bild 5.3a gekennzeichneten Konturpunkte. Ihnen zugeordnet ist die jeweilige Gradientenrichtung. Addiert man hierzu 90°, so kann man die Nachbarkonturpunkte gemäß Bild 5.2 ermitteln. Auf diese Weise ergibt sich das in Bild 5.3b gezeigte Verkettungsergebnis. Der durch das Kreuz gekennzeichnete Konturpunkt wurde nicht einbezogen, da seine Orientierung zu stark von der seiner Nachbarn abweicht.

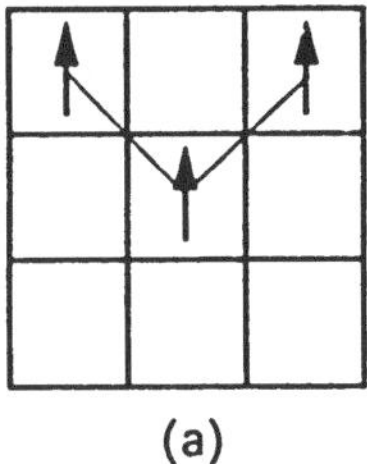 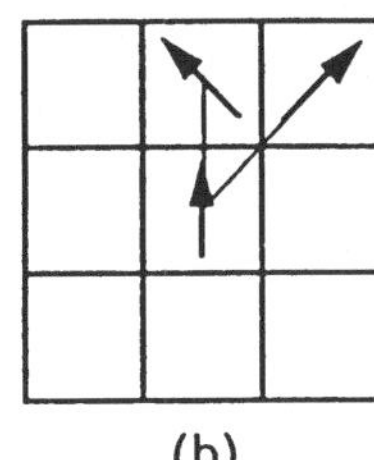 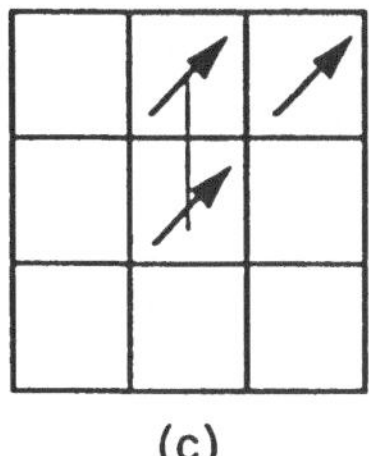

(a) (b) (c)

Bild 5.4. Drei Nachbarschaftskonstellationen für zwei Nachfolger

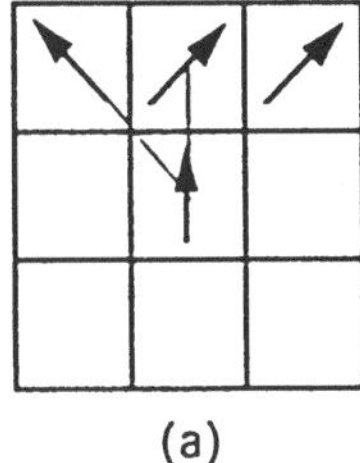 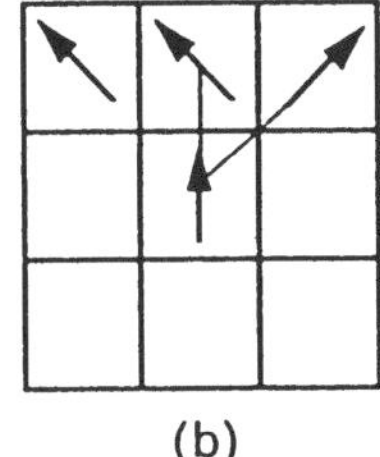

(a) (b)

Bild 5.5. Zwei Nachbarschaftskonstellationen für drei Nachfolger

Für den Fall von Konturaufspaltungen bzw. Konturverschmelzungen bedarf es einiger Sonderregelungen. Bild 5.4 zeigt die möglichen Konstellationen von zwei Nachfolgern:

(a) Aufspaltung, da die beiden Nachfolger nicht benachbart sind.

(b) Aufspaltung, da die Richtungen der Nachfolger um mehr als 60° differieren.

(c) Keine Aufspaltung, da die Richtungen der Nachfolger nicht genügend differieren. Nachfolger ist der dem zentralen Pixel am nächsten (Euklidsche Distanz) liegende Nachbar.

Bild 5.5 zeigt die beiden möglichen Anordnungen von drei Nachbarn. Die übrigen denkbaren Konstellationen wurden durch den Verdünnungsprozeß eliminiert.

Die Informationen über Vorgänger und Nachfolger werden in speziellen Dateien gespeichert und mit ihrer Hilfe die abschließende Approximation (siehe

Kapitel 6) vollzogen. Dabei können Lücken von der Größe eines Pixels übersprungen werden. Grössere Lücken sind nur mit Hilfe der im folgenden dargestellten globalen Verfahren zu füllen.

5.2 Hough-Transformation

Die Idee der Transformation geht auf P.V.C. Hough zurück. Eine Patentierung erfolgte 1962 [5.9]. Populär für Anwendung im Bereich der Konturverfahren wurde die Hough-Transformation durch die Arbeiten von Duda/Hart [5.7].

Die Grundidee verdeutlicht Bild 5.6. Beschreibt man eine Gerade durch die Parameter r und θ (Bild 5.6a) so erscheint sie im sog. *Parameterraum* (Bild 5.6b) als Punkt. Diese Parametrisierung wird durch die sog. Hessesche Normalform realisiert

$$r = x \cos \theta \, + \, y \sin \theta, \tag{5.1}$$

wobei θ im Intervall $[0, \pi)$ liegt.

Bild 5.7 zeigt drei Punkte A,B und C, die hinsichtlich ihrer Kollinearität untersucht werden sollen. Da den durch ihre Koordinaten (x, y) beschriebenen Punkten keine Neigung θ zuzuordnen ist, muß (5.1) für sämtliche θ berechnet werden. Es handelt sich also um eine Transformation der durch die jeweiligen Punkte verlaufenden Geradenbüschel. Man erhält so die drei in Bild 5.7b gezeigten Kurven. Wenn ein gemeinsamer Schnittpunkt (r_0, θ_0) existiert, beschreibt dieser die Gerade, auf der A,B und C liegen.

Es liegt auf der Hand, daß diese *Gerade*-zu-Punkt-Transformation auf beliebige analytische Kurven (insbesondere kreisförmige) ausgedehnt werden kann. Ballard erweiterte die Hough-Transformation auf beliebige Kurven [6.1] [5.2]. Wir wollen uns im folgenden auf die Erkennung von Geraden konzentrieren.

Die technische Realisierung des Verfahrens beruht auf einer Quantisierung der Parameter r und θ. Der entsprechende Parameterraum wird in diesem Fall zum *Akkumulatorfeld*. Diese Vorgehensweise führt unweigerlich zu Quantisierungsfehlern. Auf die Erläuterung dieser Problematik wird hier verzichtet und auf die Literatur (z.B. [5.27]) verwiesen.

Ausgangspunkt für das folgende Beispiel ist das Ergebnis der Gradientenoperation aus Abschnitt 4.1 (Bild 4.3d). Deuten wir diejenigen Pixel als Kon-

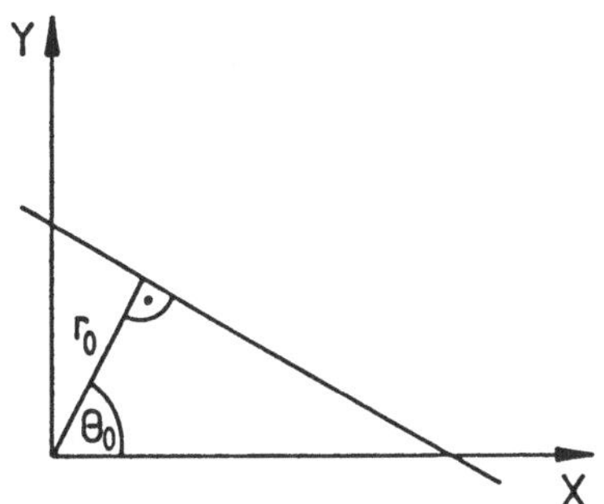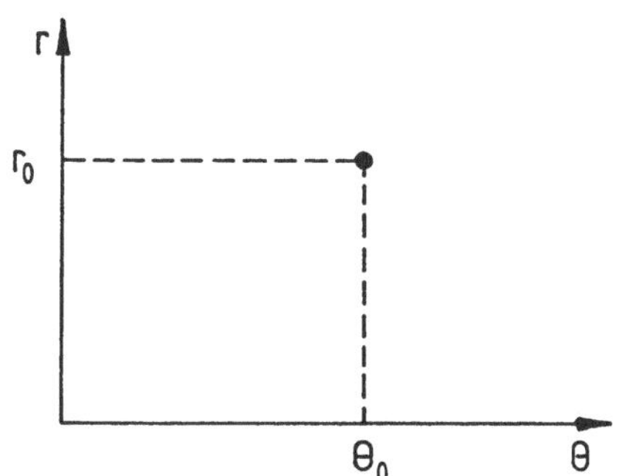

Bild 5.6. Zur Hough-Transformation

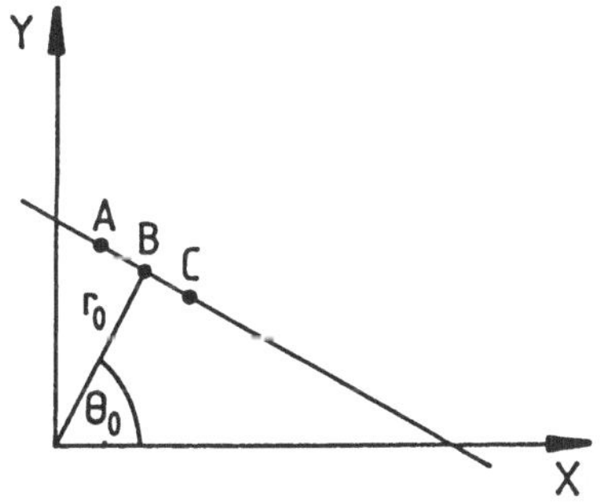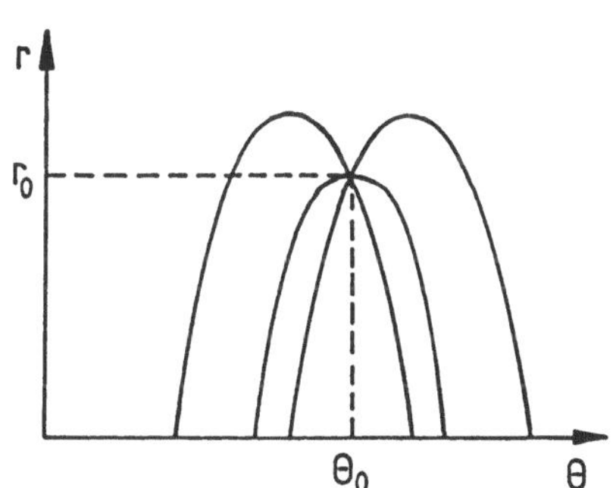

Bild 5.7. Erkennung der Kollinearität von A, B und C mit Hilfe der Hough-Transformation

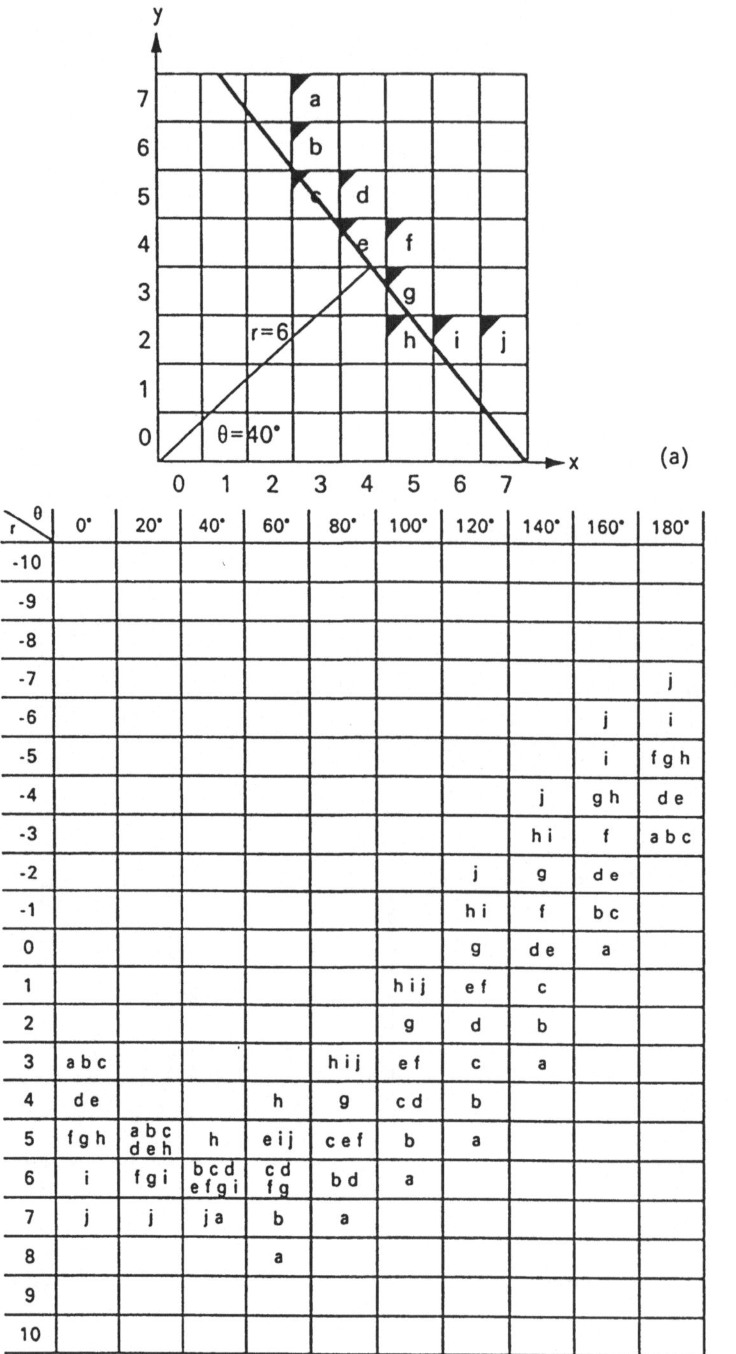

r \ θ	0°	20°	40°	60°	80°	100°	120°	140°	160°	180°
-10										
-9										
-8										
-7										j
-6									j	i
-5									i	f g h
-4								j	g h	d e
-3								h i	f	a b c
-2							j	g	d e	
-1							h i	f	b c	
0							g	d e	a	
1						h i j	e f	c		
2						g	d	b		
3	a b c				h i j	e f	c	a		
4	d e			h	g	c d	b			
5	f g h	a b c d e h	h	e i j	c e f	b	a			
6	i	f g i	b c d e f g i	c d f g	b d	a				
7	j	j	j a	b	a					
8				a						
9										
10										

Bild 5.8. Beispiel für den in Bild 5.7 skizzierten Kollinearitätstest: (a) Originalbild (vgl. Bild 4.3d), (b) Akkumulatorfeld

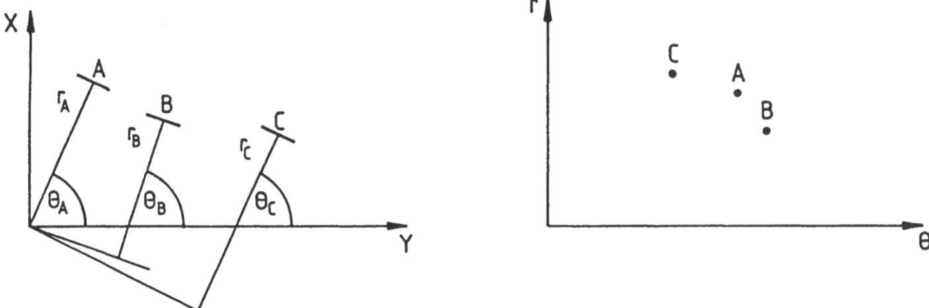

Bild 5.9. Vereinfachung des Kollinearitätstests durch Einbeziehung der Richtung von Kantenelementen

turpunkte, deren Gradientenbeträge größer als 20 sind, so erhalten wir das in Bild 5.8a gezeigte Bild. Die Konturpunkte sind durch a bis j bezeichnet. Die Anwendung der Hough-Transformation ergibt das in Bild 5.8b dargestellte Akkumulatorfeld. Die den einzelnen Konturpunkten zugehörigen Parabeln sind durch die entsprechenden Kleinbuchstaben gekennzeichnet. Die stärkste Überschneidung im Akkumulatorfeld tritt für die Parameter $r = 6$ und $\theta = 40°$ auf. Es sei darauf hingewiesen, daß die gewählte Quantisierung ein Zugeständnis an die Übersichtlichkeit des Beispiels ist und für praktische Anwendungen nicht derart grob sein sollte.

Werden die auf Kollinearität zu testenden Punkte A,B und C zu Geradenstückchen, so ergibt sich eine einschneidende Minderung des Rechenaufwandes (Bild 5.9). Nun werden die einzelnen Geradenstücke gemäß (5.1) parametrisiert und erzeugen im Parameterraum Punkte (Bild 5.9b).

Durch Einführung der Gradientenrichtung ist die Vereinfachung auf das obige Beispiel anwendbar. Bild 5.10a zeigt das derart modifizierte Bild. Die Gradientenbeträge wurden wiederum einer Schwellenoperation unterworfen, die Gradientenrichtungen in 20°-Schritten quantisiert. Das Akkumulatorfeld (Bild 5.10b) ergibt dann die stärkste Überschneidung für die Parameter $r = 5$ sowie $\theta = 60°$.

Eine weitere Modifikation erhält man durch Vermeiden der Schwellenoperation. In den „Zellen" des Akkumulatorfeldes werden dann die entsprechenden Gradientenbeträge aufsummiert. Bild 5.11a zeigt das aus Bild 4.2 gewonnene Ursprungsbild. In der linken oberen Ecke eines jeden Pixels

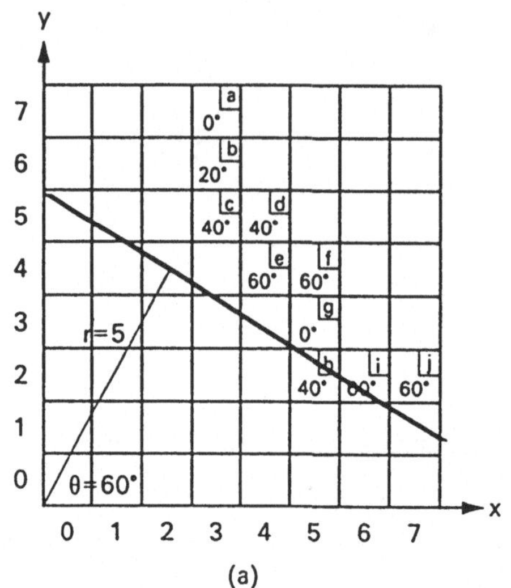

r \ θ	0°	20°	40°	60°	80°	100°	120°
0							
1							
2							
3	a						
4							
5	g	b	h	e i j			
6			c d	f			
7							

(b)

Bild 5.10. Beispiel für den in Bild 5.9 skizzierten Kollinearitätstest

ist der Gradientenbetrag vermerkt, in der Ecke rechts unten die zugehörige Richtung. Bild 5.11b zeigt das auf diese Weise generierte Akkumulatorfeld. Der größte Wert ergibt sich für die Parameter $r = 5$ und $\theta = 60°$. Der Vorteil dieser Vorgehensweise liegt in der differenzierteren Bewertung der einzelnen Konturpunkte. Ist ihr Gradientenbetrag groß, so beeinflussen sie das Ergebnis entsprechend stärker. Sind allerdings diese „starken" Konturpunkte durch „Dreckeffekte" verursacht, so wird der o.g. Vorteil zum Nachteil.

Dieser Aspekt führt uns zum Kernproblem der Hough-Transformation, nämlich der Auswertung des Akkumulatorfeldes. Dieses trat in den obigen Beispielen nicht zutage, da wir stillschweigend vorausetzten, daß

- nur eine Gerade vorhanden ist und

- diese das gesamte Bild ausfüllt.

In der Praxis treten hingegen diverse Geraden auf, d.h. eine Maximumsuche im Akkumulatorfeld ist nicht ausreichend. Eine Schwellenoperation liegt nahe. Ist die Schwelle allerdings zu hoch angesetzt, so werden „schwache" Geraden nicht erkannt. Ist sie zu niedrig, entstehen Rauschprobleme. Die

(a)

	5 0°	15 0°	30 0°	20 0°	10 0°		
	11 60°	18 40°	32 20°	22 20°	14 40°	10 100°	10 100°
	7 40°	21 40°	42 40°	28 40°	14 40°		
		7 40°	18 40°	50 60°	36 60°	22 60°	10 100°
			14 40°		30 0°	20 0°	10 0°
				11 20°	42 40°	36 60°	22 60°
				7 40°	7 40°	20 0°	80 0°

(b)

r \ θ	0°	20°	40°	60°	80°	100°
0						
1	5					
2	15					
3	30					10
4	20	11	42			
5	40	32	99	108		20
6	40	22	70	69		
7	30		14			
8			14			

Bild 5.11. Nutzung von Gradientenbetrag *und* -richtung für den Kollinearitätstest

zweite grundsätzliche Schwierigkeit beruht auf der alleinigen Beschreibung der gefunden Geraden durch die Parameter r und θ. Die Position der auf der Geraden liegenden kollinearen Geradenstücke ist somit nicht ermittelbar. Zwei entfernt liegende Häufungen von Geradenstücken könnten auf diese Weise als durchgehende Gerade gedeutet werden.

Zusammenfassend ist festzustellen:

- Das Akkumulatorfeld liefert Information über die Kollinearität von Punkten oder Geradenstücken im Originalbild.

- Das Akkumulatorfeld liefert *keine* Informationen über die Position kollinearer Punkte oder Geradenstücke.

Die Situation ist vergleichbar mit der Analyse von Grauwerthistogrammen. Diese können Aussagen über die Häufigkeit des Auftretens einzelner Grauwerte liefern, weitergehende Interpretationen sind allerdings mit Schwierigkeiten verbunden.

Es stellt sich die Frage nach der Anwendbarkeit der Hough-Transformation. Ein gutes Beispiel liefert Wallace [5.28], der Werkstücke mit geraden- und

kreisförmigen Umrissen untersucht. Zu diesem Zweck wendet er auf das
Originalbild einen Gradientenoperator an, errechnet Gradientenbetrag und
Gradientenrichtung, verdünnt und generiert ein binäres Konturbild mit Hilfe
einer Schwelle. Ausgehend von diesem Zwischenergebnis wird eine Hough-
Transformation für Geraden und eine zweite für kreisförmige Merkmale ausgeführt. Die Ergebnisse der Akkumulatorfelder dienen der Überprüfung des
binären Konturbildes. Zitat (S.183): „This prediction is used as a primitive
control mechanism to re-examine the original prethresholded edge strength
and angle files to confirm or deny the existence of edges".

Eine weitere interessante Möglichkeit bieten die von Gowda [5.13] und Scher
et al. [5.26] beschriebenen Verfahren zur Erkennung von Häufungen kollinearer Geradenstücke. Diese scheinen eine ideale Ergänzung zur Hough-
Transformation zu sein, da die zu untersuchenden Geradenstücke bereits als
kollinear erkannt sein müssen. Genau dieses leistet die Hough-Transformation. Arbeiten, die die Praktikabilität dieser Idee untersuchen sind nicht
bekannt.

Die Hough-Transformation ist also durchaus in der Praxis anwendbar. Die
Handhabung ist allerdings schwieriger als es auf den ersten Blick erscheint.
Dieser erste Eindruck wird durch einige Übersichtsartikel vermittelt, die
sich auf die Beschreibung der zugrunde liegenden Idee (d.h. der Gerade-
zu-Punkt-Transformation) beschränken und das o.g. Kernproblem überge-
hen. Diese Unterlassung ist auch für evtl. Fehleinschätzungen hinsichtlich
der Leistungsfähigkeit spezieller Rechnerarchitekturen verantwortlich. Die
Gerade-zu-Punkt-Transformation ist zwar gut parallelisierbar, der Rechenaufwand für die Analyse des Akkumulatorfeldes ist hingegen nur schwer
quantifizierbar.

5.3 Heuristische Suche

Anhang C enthält einige Grundlagen zur heuristischen Suche. Martelli [5.18]
setzt das Problem der Konturpunktverkettung so um, daß es mit Hilfe dieser
Technik lösbar ist. Er geht dabei von einem Bild $[g_{ij}]$ mit $i = 1, \ldots, r$ und
$j = 1, \ldots, c$ aus. g_{ij} ist der Grauwert des Pixels (i, j).

Zwei Pixel (i, j) und (h, k) sind *Nachbarn*, wenn

$$|i - h| + |j - k| = 1.$$

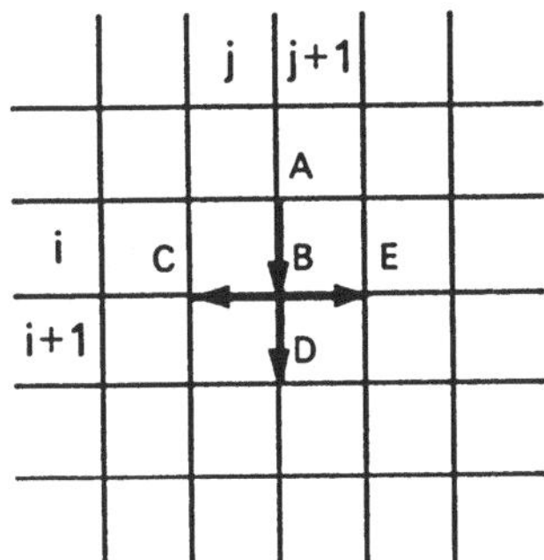

Bild 5.12. Die Nachfolge eines Kantenelementes

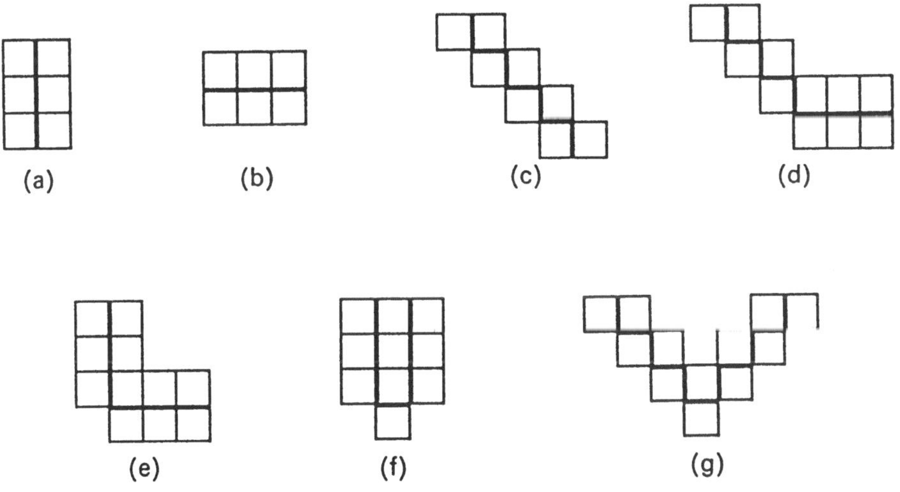

(a)   (b)   (c)   (d)

(e)   (f)   (g)

Bild 5.13. Verschiedene Sequenzen von Kantenelementen, (g) und (f) sind zu stark gekrümmt

i \ j	1	2	3
1	7	2	2
2	5	7	0
3	5	4	2

Bild 5.14. Beispiel zur heuristischen Suche

in einer Region mit niedrigen Grauwerten liegt. Ist dieses nicht der Fall, so wird $[g(P_i) - g(Q_i)]$ negativ und die Kosten steigen entsprechend.

M: Höchste Grauwertdifferenz zweier benachbarter Pixel im gesamten Bild.

(2) Eine Kontur soll „glatt" sein, d.h. eine Sequenz von drei Kantenelementen (x_i, x_{i+1}, x_{i+2}) soll *keine* Pixel P oder Q enthalten, deren Koordinaten identisch sind. Bild 5.13 zeigt sieben Konturen, von denen (f) und (g) der Bedingung nicht genügen. Zur Quantifizierung benutzt Martelli folgende Funktion

$$c''(x_i, x_{i+1}, x_{i+2}) = \left\{ \begin{array}{ll} 0 & \text{wenn Kontur glatt} \\ \text{groß} & \text{wenn Kontur nicht glatt.} \end{array} \right.$$

Die globalen Kosten sind dann

$$\begin{aligned} C(x_1, x_2, \ldots) &= c'(x_1) + c'(x_2) + \ldots + \\ &\quad c''(x_1, x_2, x_3) + c''(x_2, x_3, x_4) + \ldots \quad . \end{aligned}$$

Bild 5.14 zeigt ein Beispielbild, in dem eine Kante zu suchen ist. Für dieses Bild ist $M = 7$. Aus Gründen der Übersichtlichkeit seien zwei Vereinfachungen eingeführt:

(a) Die gesuchte Kante beginnt in der ersten Zeile und endet in der letzten.

(b) Die Region der hohen Grauwerte befindet sich in der linken Hälfte des Bildes.

Bild 5.15 zeigt den entsprechenden Suchbaum mit *sämtlichen* möglichen
Kanten und deren Kosten. Bei der Expansion wurden Pfade mit zu ho-
her Krümmung nicht berücksichtigt, d.h. $c''(x_i, x_{i+1}, x_{i+2})$ ist immer Null.
Der günstigste Pfad ist fett eingezeichnet. Der Endknoten markiert die
zugehörige Kante.

Damit ist das Problem auf die in Anhang C geschilderte Graphsuche zurück-
geführt. Die dort beschriebenen Verfahren führen zu einer erheblichen Re-
duzierung des Suchbaums. Man erreicht dieses bereits durch einen kosten-
gesteuerten „breadth first"-Algorithmus.

Interessanter allerdings ist die Möglichkeit der heuristischen Suche auf der
Basis von Vorwissen über die zu suchende Kontur. Dieses Wissen kann für
diese Zwecke in die Kostenfunktion eingebettet werden und den Suchaufwand
stark reduzieren (näheres hierzu siehe [5.18]).

Eine abschließende Bemerkung sei zum Vergleich der dynamischen Programmierung (Abschnitt 5.4) mit der heuristischen Suche angebracht. Beide Verfahren sollen dasselbe Problem lösen (nämlich das Auffinden des günstigsten
Weges). Martelli gibt (1976!) der heuristischen Suche den Vorzug, da der
Rechenaufwand auf „von Neumann"-Architekturen wesentlich geringer ist.
Durch die Entwicklung auf dem Gebiet der Parallelrechner ist dieses Argu-
ment relativiert. Daher gewinnt die günstiger zu parallelisierende dynamische Programmierung an Boden (vgl. hierzu den folgenden Abschnitt).

5.4 Dynamische Programmierung

Die dynamische Programmierung (DP) ist ein bekanntes Handwerkszeug
im Bereich des Operation Research. Grundlagen hierzu findet der Leser
in Anhang D. Montanari [5.20] nutzt die DP zur Konturpunktverkettung.
Er geht dabei (im Gegensatz zu Martelli, vgl. Abschnitt 5.3) von einem
Gradientenbild aus.

Die *Koordinaten* eines Pixels i seien $(x_i, y_i) = z_i$, der *Grauwert* des Pixels
i sei $a(z_i)$. Eine *Kurve* ist eine Sequenz von Pixeln $z_1, z_2, \ldots, z_N$, wobei z_i
und z_{i+1} $(i = 1, 2, \ldots, N-1)$ *Nachbarn* einer 8er-Nachbarschaft sind. Die
Neigung (slope) der Kurve wird durch Zahlen im Intervall $[0, 7]$ beschrieben
(Bild 5.16). Die *Krümmung* ist dann die Differenz zweier benachbarter Nei-
gungen

$$[d(z_{i+1}, z_i) - d(z_i, z_{i-1})] \bmod 8,$$

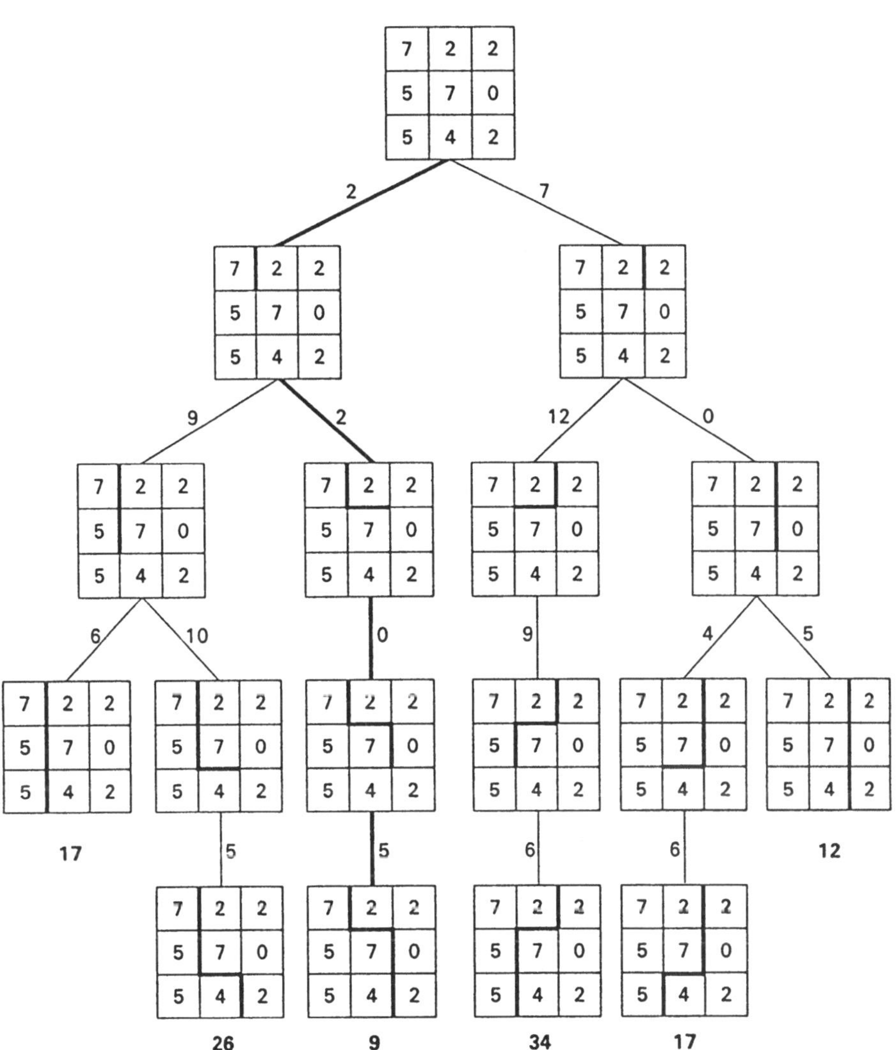

Bild 5.15. Suchbaum zur Darstellung sämtlicher Kanten im Bild

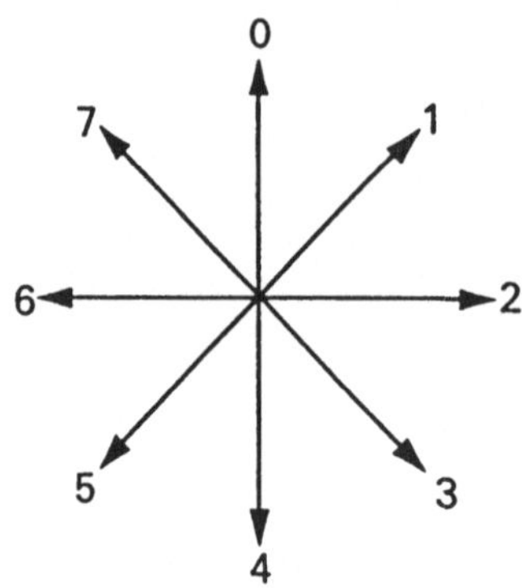

Bild 5.16. Kodierung der Kurvennei-
gung

i \ j	1	2	3	4
1	1	0	7	1
2	3	5	7	5
3	6	0	1	7
4	1	0	1	0

Bild 5.17. Beispielbild, in dem eine
Kette von vier Kurvenelementen gefunden werden soll

wobei $d(z_{i+1}, z_i)$ die Neigung einer Kurve ist, die durch die beiden benachbarten Pixel z_i und z_{i+1} verläuft.

Eine „gute" Kurve zeichne sich durch die beiden folgenden Eigenschaften
aus:

(a) Die Summe der Grauwerte entlang der Kurve ist möglichst *groß*.

(b) Die Summe der Krümmungen entlang der Kurve ist möglichst *klein*.

Montanari nennt das Maß für die „Güte" einer Kurve *Figure Of Merit*
(FOM). Für eine gesuchte Kurve der Länge N sieht die formale Beschreibung
der FOM folgendermaßen aus

$$f(z_1, \ldots, z_n) = \sum_{i=1}^{N} a(z_i) - q \sum_{i=2}^{N-1} [d(z_{i+1}, z_i) - d(z_i, z_{i-1})] \bmod 8.$$

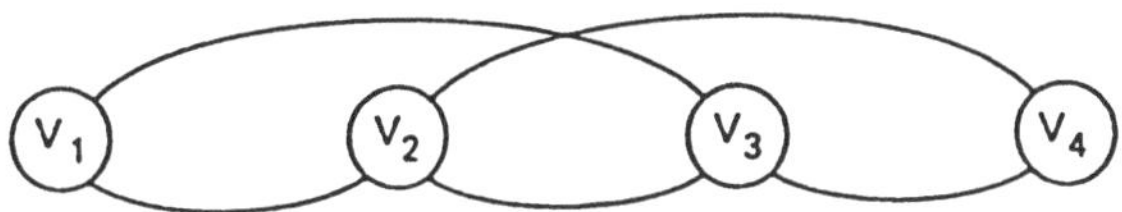

Bild 5.18. Interaktionsgraph einer Kette von vier Konturelementen (vgl. Anhang D)

a	b	c	d
e	f	g	h
i	j	k	l
m	n	o	p

Bild 5.19. Bezeichnung der Pixel

Dabei müssen folgende Bedingungen erfüllt sein:

(a) $\max(|x_{i+1} - x_i|, |y_{i+1} - y_i|) = 1$, d.h. die Pixel der Kurve müssen Nachbarn sein,

(b) $[d(z_{i+1}, z_i) - d(z_i, z_{i-1})] \bmod 8 \leq 1$, d.h. die Krümmung der Pixelsequenz z_{i-1}, z_i, z_{i+1} darf höchstens Eins betragen. Erlaubt sind also die fünf folgenden Pixelkonstellationen:

Krümmung 0

Krümmung 1

q ist eine Konstante, die den Einfluß der Krümmung auf die FOM wichtet. Es ist zu beachten, daß die Bedingungen Bestandteil der FOM sind.

Bild 5.17 zeigt ein Beispielbild, in dem eine Kette von vier Kurvenpixeln gefunden werden soll. Der zugehörige Interaktionsgraph ist in Bild 5.18

dargestellt. Die symbolische Beschreibung der Pixel des Beispielbildes ist Bild 5.19 zu entnehmen. Die FOM ist dann (q sei Eins)

$$f(z_1, z_2, z_3, z_4) = \sum_{i=1}^{4} a(z_i) - \sum_{i=2}^{3} c(z_{i-1}, z_i, z_{i+1}),$$

mit

$$c(z_{i-1}, z_i, z_{i+1}) = [d(z_{i+1}, z_i) - d(z_i, z_{i-1})] \bmod 8.$$

Ausgeschrieben erhält man

$$\begin{aligned}
f(z_1, z_2, z_3, z_4) \;=\;\; & a(z_1) + a(z_2) + a(z_3) + a(z_4) \\
& - c(z_1, z_2, z_3) - c(z_2, z_3, z_4).
\end{aligned}$$

Die Aufgabe ist nun die Maximierung dieser Funktion. Es handelt sich offensichtlich um ein nichtserielles Optimierungsproblem (vgl. Anhang D), welches mit Hilfe der DP lösbar ist.

Iteration 1:

$$f(z_2, z_3, z_4) = \max_{z_1} f(z_1, z_2, z_3, z_4)$$

$$= \max_{z_1}[a(z_1) - c(z_1, z_2, z_3)] + a(z_2) + a(z_3) + a(z_4) - c(z_2, z_3, z_4)$$

$$= \max_{z_1}[h_1'(z_1, z_2, z_3)] + a(z_2) + a(z_3) + a(z_4) - c(z_2, z_3, z_4)$$

$$= h_1(z_2, z_3) + a(z_2) + a(z_3) + a(z_4) - c(z_2, z_3, z_4)$$

Bild 5.20 zeigt für sämtliche Kombinationen z_1, z_2, z_3 (welche die Nachbarschafts- und Krümmungsbedingung erfüllen) die Ermittlung von $h_1'(z_1, z_2, z_3)$. Die „Untermenge" $h_1(z_2, z_3)$ bilden die unterstrichenen Werte. Das „backtracking" sei vorerst ignoriert.

The table is printed as four side-by-side column groups; each group has the columns z1z2z3, $a(z_1)$, $c(z_1,z_2,z_3)$ and $h'_1(z_1,z_2,z_3)$, and the entries are written as $a - c = h'_1$. The groups are reproduced one after another below.

$z_1z_2z_3$	$a(z_1)$	$c(z_1,z_2,z_3)$	$h'_1(z_1,z_2,z_3)$
a b c	1	0	1
a b g	1	1	0
a f g	1	1	$\overline{0}$
a f k	1	0	1
a f j	1	1	0
a e j	1	1	0
a e i	1	0	$\overline{1}$
b c d	0	0	0
b c h	0	1	-1
b g h	0	0	-$\overline{1}$
b g l	0	0	0
b g k	0	1	-1
b f k	0	1	-1
b f j	0	0	0
b f i	0	1	-1
b o i	0	1	-1
c h l	7	1	6
c g l	7	1	$\overline{6}$
c g k	7	0	$\overline{7}$
c g j	7	1	$\overline{6}$
c f j	7	1	$\overline{6}$
c f i	7	0	$\overline{7}$
c f e	7	1	$\overline{6}$
c b e	7	1	6
c b a	7	0	$\overline{7}$
d h l	1	0	1
d h k	1	1	0
d g k	1	1	$\overline{0}$
d g j	1	0	1
d g f	1	1	0
d c f	1	1	0
d c b	1	0	$\overline{1}$

$z_1z_2z_3$	$a(z_1)$	$c(z_1,z_2,z_3)$	$h'_1(z_1,z_2,z_3)$
e b c	3	1	2
e f c	3	1	$\overline{2}$
e f g	3	0	3
e f k	3	1	2
e j k	3	1	$\overline{2}$
e j o	3	0	3
e j n	3	1	2
e i n	3	1	2
e i m	3	0	$\overline{3}$
f c d	5	1	4
f g d	5	1	4
f g h	5	0	$\overline{5}$
f g l	5	1	4
f k l	5	1	4
f k p	5	0	$\overline{5}$
f k o	5	1	4
f j o	5	1	4
f j n	5	0	5
f j m	5	1	4
f i m	5	1	$\overline{4}$
g l p	7	1	6
g k p	7	1	$\overline{6}$
g k o	7	0	$\overline{7}$
g k n	7	1	$\overline{6}$
g j n	7	1	$\overline{6}$
g j m	7	0	$\overline{7}$
g j i	7	1	$\overline{6}$
g f i	7	1	6
g f e	7	0	7
g f a	7	1	$\overline{6}$
g b a	7	1	$\overline{6}$
h l p	5	0	5
h l o	5	1	4
h k o	5	1	$\overline{4}$
h k n	5	0	5
h k j	5	1	4
h g j	5	1	4
h g f	5	0	5
h g b	5	1	4
h c b			

stop back-tracking

$z_1z_2z_3$	$a(z_1)$	$c(z_1,z_2,z_3)$	$h'_1(z_1,z_2,z_3)$
i e a	6	0	6
i e b	6	1	$\overline{5}$
i f b	6	1	$\overline{5}$
i f c	6	0	$\overline{6}$
i f g	6	1	$\overline{5}$
i j g	6	1	$\overline{5}$
i j k	6	0	$\overline{6}$
i j o	6	1	$\overline{5}$
i n o	6	1	$\overline{5}$
j e a	0	1	-1
j f a	0	1	-1
j f b	0	0	0
j f c	0	1	-1
j g c	0	1	-1
j g d	0	0	0
j g h	0	1	-1
j k h	0	1	-1
j k l	0	0	0
j k p	0	1	-1
j o p	0	1	-1
k n m	1	1	0
k j m	1	1	0
k j i	1	0	1
k j e	1	1	0
k f e	1	1	0
k f a	1	0	1
k f b	1	1	0
k g b	1	1	0
k g c	1	0	1
k g d	1	1	0
k h d	1	0	0
l o n	7	1	6
l k n	7	1	$\overline{6}$
l k j	7	0	$\overline{7}$
l k f	7	1	$\overline{6}$
l g f	7	1	$\overline{6}$
l g b	7	0	$\overline{7}$
l g c	7	1	$\overline{6}$
l h c	7	1	$\overline{6}$
l h d	7	0	$\overline{7}$

von Bild 5.21

$z_1z_2z_3$	$a(z_1)$	$c(z_1,z_2,z_3)$	$h'_1(z_1,z_2,z_3)$
m i e	1	0	1
m i f	1	1	$\overline{0}$
m j f	1	1	$\overline{0}$
m j g	1	1	$\overline{1}$
m j k	1	1	0
m n k	1	1	0
m n o	1	1	$\overline{1}$
n i e	0	1	-1
n j e	0	1	-1
n j f	0	0	0
n j g	0	1	-$\overline{1}$
n k g	0	1	-1
n k h	0	0	0
n k l	0	1	-$\overline{1}$
n o l	0	1	-1
n o p	0	0	$\overline{0}$
o n m	1	0	1
o n i	1	1	$\overline{0}$
o j i	1	1	$\overline{0}$
o j e	1	0	1
o j f	1	1	$\overline{0}$
o k f	1	1	$\overline{0}$
o k g	1	0	1
o k h	1	1	0
o l h	1	1	$\overline{0}$
p o n	0	0	0
p o j	0	1	-1
p k j	0	1	-$\overline{1}$
p k f	0	0	0
p k g	0	1	-1
p l g	0	1	-1
p l h	0	0	$\overline{0}$

Bild 5.20. Auflistung der vier Optimierungsschritte: Iteration 1

$z_2z_3z_4$	$h_1(z_2,z_3)$ $a(z_2)$ $c(z_2,z_3,z_4)$ $h'_2(z_2,z_3,z_4)$	$z_2z_3z_4$	$h_1(z_2,z_3)$ $a(z_2)$ $c(z_2,z_3,z_4)$ $h'_2(z_2,z_3,z_4)$	$z_2z_3z_4$	$h_1(z_2,z_3)$ $a(z_2)$ $c(z_2,z_3,z_4)$ $h'_2(z_2,z_3,z_4)$	$z_2z_3z_4$	$h_1(z_2,z_3)$ $a(z_2)$ $c(z_2,z_3,z_4)$ $h'_2(z_2,z_3,z_4)$
a b c		e b c	5+3−1= 7	i e a	1+6−0= 7	m i e	
a b g		e f c		i e b	1+6−1= 6	m i f	
a f g		e f g		i f b	0+6−1= 5	m j f	
a f k		e f k		i f c	0+6−0= 6	m j g	
a f j		e j k	0+3−1= 2	i f g	0+6−1= 5	m j k	
a e j		e j o	0+3−0= 3	i j g		m n k	
a e i		e j n	0+3−0= 2	i j k		m n o	
		e i n	1+3−1= 3	i j o			
		e i m	1+3−0= 4	i n o	2+6−1= 7		
b c d	2+0−0= 2	f c d	6+5−1= 10	j e a	1+0−1= 0	n i e	0+0−1= −1
b c h	2+0−1= −1	f g d	5+5−1= 9	j f a	0+0−1= −1	n j e	
b g h	0+0−1= −1	f g h	5+5−0= 10	j f b	0+0−0= 0	n j f	
b g l	0+0−0= 0	f g l	5+5−1= 9	j f c	0+0−1= −1	n j g	
b g k	0+0−1= −1	f k l	2+5−1= 6	j g c	5+0−1= 4	n k g	0+0−1= −1
b f k		f k p	2+5−0= 7	j g d	5+0−0= 5	n k h	0+0−0= 0
b f j		f k o	2+5−1= 6	j g h	5+0−1= 4	n k l	0+0−1= −1
b f i		f j o	6+5−1= 10	j k h	6+0−1= 5	n o l	5+0−1= 4
b e i	6+0−1= 5	f j n	6+5−0= 11	j k l	6+0−0= 6	n o p	5+0−0= 5
		f j m	6+5−1= 10	j k p	6+0−1= 5		
		f i m	7+5−1= 11	j o p	5+0−1= 4		
c h l	−1+7−1= 5	g l p	6+7−1= 12	k n m	6+1−1= 6	o n m	6+1−0= 7
c g l		g k p	7+7−1= 13	k j m	7+1−1= 7	o n i	6+1−1= 6
c g k		g k o	7+7−0= 14	k j i	7+1−0= 8	o j i	−1+1−1= −1
c g j		g k n	7+7−1= 13	k j e	7+1−1= 7	o j e	−1+1−0= 0
c f j	0+7−1= 6	g j n	6+7−1= 12	k f e	6+1−1= 6	o j f	−1+1−1= −1
c f i	0+7−0= 7	g j m	6+7−0= 13	k f a	6+1−0= 7	o k f	
c f e	0+7−1= 6	g j i	6+7−1= 12	k f b	6+1−1= 1	o k g	
c b e	4+7−1= 10	g (f) i	6+7−1= 12	k g b	1+1=1= 1	o k h	
c b a	4+7−0= 11	g f e	6+7−0= 13	k g c	1+1−0= 2	o l h	−1+1−1= −1
	weiter Bild 5.20	g f a	6+7−1= 12	k g d	1+1−1= 0		
		g b a	7+7−1= 13	k h d	0+1−1= 6		
d h l		h l p	6+5−0= 11	l o n	4+7−1= 10	p o m	
d h k	von Bild 5.22	h l o	6+5−1= 10	l k n		p o a	
d g k		h k o	6+5−1= 4	l k j		p k j	
d g j		h k n	0+5−0= 5	l k f		p k f	
d g f		h k j	0+5−1= 4	l g f	−1+7−1= 5	p k g	
d c j		h g j		l g b	−1+7−0= 6	p l g	
d c b		h g f		l g c	−1+7−1= 5	p l h	
		h g b		l h c	0+7−1= 6		
		h c b	6+5−1= 10	l h d	0+7−0= 7		

Bild 5.21. Auflistung der vier Optimierungsschritte: Iteration 2

$z_3\,z_4$	$h_2(z_3,z_4)$ $a(z_3)$ $h'_3(z_3,z_4)$	$z_3\,z_4$	$h_2(z_3,z_4)$ $a(z_3)$ $h'_3(z_3,z_4)$	$z_3\,z_4$	$h_2(z_3,z_4)$ $a(z_3)$ $h'_3(z_3,z_4)$	$z_3\,z_4$	$h_2(z_3,z_4)$ $a(z_3)$ $h'_3(z_3,z_4)$
		e a e b e i	7 + 3 = 10 6 + 3 = 9 5 + 3 = 8	i e i m i n	− 1 + 6 = 5 11 + 6 = $\underline{17}$ 3 + 6 = $\underline{9}$		
b a b c b e	13 + 0 = 13 7 + 0 = 7 10 + 0 = 10 weiter Bild 5.21	f a f b f c f e f g f i f j	12 + 5 = $\underline{17}$ 6 + 5 = $\underline{11}$ 6 + 5 = 11 13 + 5 = 18 5 + 5 = $\underline{10}$ 12 + 5 = $\underline{17}$ 6 + 5 = $\underline{11}$ von Bild 5.23	j e j f j i j k j m j n j o	7 + 0 = 7 −1 + 0 = −1 12 + 0 = 12 2 + 0 = 2 13 + 0 = 13 12 + 0 = 12 10 + 0 = 10	n i n m n o	6 + 0 = 6 7 + 0 = 7 7 + 0 = 7
c b c d c h	10 + 7 = $\underline{17}$ 10 + 7 = $\underline{17}$ 1 + 7 = $\underline{8}$	g b g c g d g f g h g k g l	6 + 7 = 13 5 + 7 = 12 9 + 7 = $\underline{16}$ 5 + 7 = 12 10 + 7 = $\underline{17}$ −1 + 7 = $\underline{6}$ 9 + 7 = $\underline{16}$	k g k h k j k l k n k o k p	−1 + 1 = 0 5 + 1 = 6 4 + 1 = 5 6 + 1 = 7 13 + 1 = 14 14 + 1 = $\underline{15}$ 13 + 1 = 14	o l o n o p	4 + 1 = 5 10 + 1 = 11 5 + 1 = 6
		h c h d h l	6 + 5 = 11 7 + 5 = 12 5 + 5 = 10	l h l o l p	−1 + 7 = 6 10 + 7 = $\underline{17}$ 12 + 7 = $\underline{19}$		

Bild 5.22. Auflistung der vier Optimierungsschritte: Iteration 3

z_4	$h_3(z_4)$ $a(z_4)$ $f(z_4)$	z_4	$h_3(z_4)$ $a(z_4)$ $f(z_4)$	z_4	$h_3(z_4)$ $a(z_4)$ $f(z_4)$	z_4	$h_3(z_4)$ $a(z_4)$ $f(z_4)$
a	17 + 1 = 18	e	18 + 3 = 21 weiter Bild 5.22	i	17 + 6 = ㉓ start back-tracking	m	17 + 1 = 18
b	17 + 0 = 17	f	12 + 5 = 17	j	11 + 0 = 11	n	14 + 0 = 14
c	12 + 7 = 19	g	10 + 7 = 17	k	6 + 1 = 7	o	17 + 1 = 18
d	17 + 1 = 18	h	17 + 5 = 22	l	16 + 7 = 23	p	19 + 0 = 19

Bild 5.23. Auflistung der vier Optimierungsschritte: Iteration 4

Iteration 2:

$$f(z_3, z_4) = \max_{z_2} f(z_2, z_3, z_4)$$

$$= \max_{z_2}[h_1(z_2, z_3) + a(z_2) - c(z_2, z_3, z_4)] + a(z_3) + a(z_4)$$

$$= \max_{z_2}[h_2'(z_2, z_3, z_4)] + a(z_3) + a(z_4)$$

$$= h_2(z_3, z_4) + a(z_3) + a(z_4)$$

Die Ermittlung von $h_2'(z_2, z_3, z_4)$ ist in Bild 5.21 skizziert. Die unterstrichenen Werte bilden $h_2(z_3, z_4)$.

Iteration 3:

$$f(z_4) = \max_{z_3} f(z_3, z_4)$$

$$= \max_{z_3}[h_2(z_3, z_4) + a(z_3)] + a(z_4)$$

$$= \max_{z_3}[h_3'(z_3, z_4)] + a(z_4)$$

$$= h_3(z_4) + a(z_4)$$

Die Ergebnisse für $h_3'(z_3, z_4)$ bzw. $h_3(z_4)$ können Bild 5.22 entnommen werden.

Iteration 4:

$$f(z_4) = h_3(z_4) + a(z_4)$$

Den letzten Schritt, die Ermittlung von $f(z_4)$, zeigt Bild 5.23.

$f(z_4)$ entspricht dabei $f(z_1, z_2, z_3, z_4)$ (also der FOM), da letztere Funktion über die Iterationen 1 bis 4 in Teilfunktionen zerlegt werden konnte. Diese Zerlegung ist der entscheidende Punkt der DP.

Aufgabe war es $f(z_1, z_2, z_3, z_4)$ zu maximieren. Also suchen wir das Maximum für $f(z_4)$, finden $f(z_4 = i) = 23$ und $f(z_4 = l) = 23$ und nehmen willkürlich $z_4 = i$. Die zugehörigen z_3, z_2, z_1 erhält man mit Hilfe des „backtracking":

$h_3(z_4 = i)$ ist max. für $z_3 = f$

$h_2(z_4 = i, z_3 = f)$ ist max. für $z_2 = g$

$h_1(z_3 = f, z_2 = g)$ ist max. für $z_1 = l$

Somit ist $f(z_1 = l, z_2 = g, z_3 = f, z_4 = i)$ maximal.

Interessant ist der Vergleich der Ergebnisse für das „backtracking" sämtlicher $z_4 = a, b, \ldots, p$. Bild 5.24 zeigt die entsprechenden Bilder im Überblick. Hierzu sei folgendes angemerkt:

- Der zweite Maximalwert $(z_4 = l)$ ergibt die gleiche Ergebniskurve wie $(z_4 = i)$.

- Für sehr kleine Werte von $f(z_4)$ ergibt das „backtracking" ungünstige Ergebnisse.

- Sämtliche Werte nahe dem Maximum erbringen gute Ergebnisse.

Die beiden letzten Beobachtungen werden offensichtlich, wenn man die Definition der Funktion $f(z_1, z_2, z_3, z_4)$, also der FOM betrachtet:

FOM = Σ Grauwerte - Σ Krümmungen.

Niedrige Werte der FOM deuten auf niedrige Grauwerte und starke Krümmungen hin. Für hohe Werte gilt das Umgekehrte.

Die obige Definition der FOM ist natürlich nur eine von vielen möglichen. Besonders interessant ist die Möglichkeit der Einbindung von Vorwissen über die zu suchende Kontur (näheres hierzu siehe [5.20]).

Zusammenfassung

Ein Vergleich der in den Abschnitten 5.1 bis 5.4 beschriebenen Verfahren läßt die DP als das interessanteste erscheinen. Dafür sprechen folgende Gründe:

- Es handelt sich um eine globale Methode.

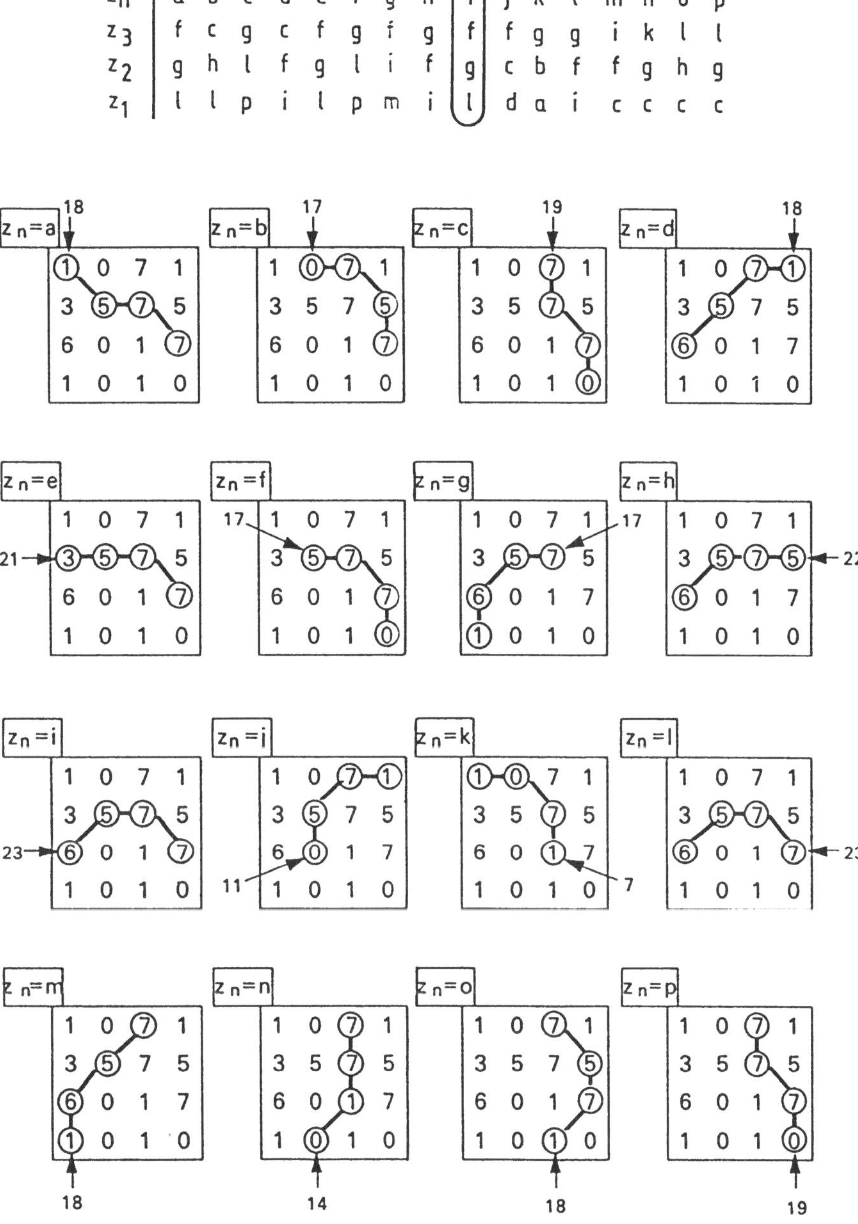

$f(z_n)$	18	17	19	18	21	17	17	22	23	11	7	23	18	14	18	19
z_n	a	b	c	d	e	f	g	h	i	j	k	l	m	n	o	p
z_3	f	c	g	c	f	g	f	g	f	f	g	g	i	k	l	l
z_2	g	h	l	f	g	l	i	f	g	c	b	f	f	g	h	g
z_1	l	l	p	i	l	p	m	i	l	d	a	i	c	c	c	c

Bild 5.24. Backtracking für sämtliche z_4

- Das FOM-Konzept (Figure Of Merit) ist sehr flexibel und erlaubt u.a. die Einbeziehung von Modellwissen bzw. eine Rückkopplung aus der symbolischen Stufe.

- Das Verfahren erlaubt (parallele) Pfade von beliebig vielen Startpunkten aus, während das verwandte Verfahren der *heuristischen Suche* von ausgesprochen sequentieller Natur ist.

- Die *Hough-Transformation* ist bekannt für ihre Probleme hinsichtlich der Interpretation des Parameterraums.

- Der letzte Verfahrensschritt, die *Approximation* mit Hilfe von Geradenstücken kann im Rahmen des „backtracking" erfolgen. Ein spezieller Verfahrensschritt ist mithin nicht erforderlich.

Diese Vorteile werden durch einen immensen Bedarf an Rechenkapazität (Zeit und Speicher) erkauft. Daher wurden die DP-gestützten Bildverarbeitungsverfahren in den 70er Jahren nicht weiter untersucht (siehe z.B. [5.18]). Diese Situation hat sich mittlerweile wegen der Entwicklungen der VLSI-Techniken grundlegend verändert. Außerdem zeichnet sich die DP durch einen hohen Grad an Parallelisierbarkeit auf der Ebene von SIMD-Maschinen aus. Dieser Aspekt ist besonders bemerkenswert, da die Konturpunktverkettung eine Nahtstelle zwischen Ikonik (SIMD-Struktur) und Symbolik (MIMD-Struktur) bildet und sich somit im Übergangsbereich von SIMD- auf MIMD-Strukturen befindet. Durch die Verwendung der DP sind Konturpunktdetektion, Aufbesserung, Verkettung und Approximation auf *einer* Hardwarestruktur realisierbar.

Neben verschiedenen allgemeinen Arbeiten zum Thema DP-Parallelisierung (z.B. [5.17]), seien einige Veröffentlichungen zitiert, die sich mit der Anwendung auf dem Gebiet der Bildverarbeitung befassen. Clarke und Dyer [5.5] untersuchen vier VLSI-Realisierungen des Algorithmus von Montanari [5.20], die auf systolischen und zellulären Arrays beruhen. Bertolazzi und Pirozzi [5.3] beschreiben die Möglichkeit der Realisierung auf SIMD-Maschinen wie ILLIAC, CLIP und DAP. Guerra [5.14] wiederum befaßt sich mit systolischen Strukturen.

Missakian et al. [5.19] beschreiben die Anwendung der DP im Bereich der Mustererkennung und verwenden eine Pipelinearchitektur deren Elemente Signalprozessoren (TMS320) sind. Auf ähnlichen Gebieten (allerdings ohne spezielle Hardwareunterstützung) arbeiten Wu und Maitre [5.29] sowie Yamada und Kasvand [5.30].

Literatur zu Kapitel 5

[5.1] Ballard, D.H.: Generalizing the Hough transform to detect arbitrary shapes. Pattern Recognition 13 (1981) 111-122

[5.2] Ballard, D.H.; Brown, Ch.M.: Computer vision. Englewood Cliffs, New Jersey: Prentice-Hall 1982

[5.3] Bertolazzi, P.; Pirozzi, M.: A parallel algorithm for the optimal detection of a noisy curve. Computer Vision Graphics and Image Processing 27 (1984) 380-386

[5.4] McCabe, M.M.; Collins, P.V.: Image processing algorithms. In: Offen, R.J. (Ed.): VLSI image processing. London: Collins 1985

[5.5] Clarke, M.J.; Dyer, C.R.: Curve detection in VLSI. In: Fu, K.S. (Ed.): VLSI for pattern recognition and image processing. Berlin, Heidelberg, New York, Tokyo: Springer 1984

[5.6] Diamond, M.D.; Narasimhamurthi, N.; Ganapathy, S.: Optimization approaches to the problem of edge linking. Proc. 8th Int. Jt. Conf. on AI (1983) 1003-1009

[5.7] Duda, R.O.; Hart, P.E.: Use of the Hough transformation to detect lines and curves in pictures. Comm. ACM 15 (1972) 204-208

[5.8] Ehrich, R.W.; Schroeder, F.H.: Contextual boundary formation by one-dimensional edge detection and scan line matching. Computer Graphics and Image Processing 16 (1981) 116-149

[5.9] Evans, F.: A survey and comparison of the Hough transform. IEEE Workshop on Computer Architecture for Pattern Analysis and Image Database Management (1985) 378-380

[5.10] Felten, E.; Karlin, S.; Otto, S.W.: The traveling salesman problem on a hypercubic MIMD computer. Proc. Int. Conf. on Parallel Processing (1985) 6-10

[5.11] Foith, J.P.: Intelligente Bildsensoren zum Sichten, Handhaben, Steuern und Regeln. Berlin, Heidelberg, New York, Tokyo: Springer 1982

[5.12] Gallinari, P.; Milgram, M.: A parallel edge following algorithm. Int. Conf. on Pattern Recognition (1986) 907-909

[5.13] Gowda, K.C.: Cluster detection in a collection of collinear line segments. Pattern Recognition 17 (1984) 221-237

[5.14] Guerra, C.: A VLSI algorithm for the optimal detection of a curve. IEEE Workshop on Computer Architecture for Pattern Analysis and Image Database Management (1985) 197-202

[5.15] Haberäcker, P.: Digitale Bildverarbeitung. München, Wien: Hanser 1985

[5.16] Kelly, M.D.: Edge detection in pictures by computer using planning. Machine Intelligence 6 (1971) 397-409

[5.17] Li, G.J.; Wah, B.W.: Systolic processing for dynamic programming problems. Proc. Int. Conf. on Parallel Processing (1985) 434-441

[5.18] Martelli, A.: An application of heuristic search methods to edge and contour detection. Comm. ACM 19 (1976) 73-83

[5.19] Missakin, Ph.; Milgram, M.; Zavidovique, B.: A special architecture for dynamic programming. IEEE Workshop on Computer Architecture for Pattern Analysis and Image Database Management (1985) 197-202

[5.20] Montanari, U.: On the optimal detection of curves in noisy pictures. Comm. ACM 14 (1971) 335-345

[5.21] Nagao, M.: Toward a flexible pattern analysis method. Int. Conf. on Pattern Recognition (1986) 170-174

[5.22] Nagao, M.: Shape recognition system by variable size slit method - its hardware and software. Int. Conf. on Pattern Recognition (1986) 424-426

[5.23] Nalwa, V.S.: Edgel-aggregation and edge-description. Int. Conf. on Pattern Recognition (1986) 604-609

[5.24] Nevatia, R.; Babu, K.R.: Linear feature extraction and description. Computer Graphics and Image Processing 13 (1980) 257-269

[5.25] Rosenfeld, A.; Kak, A.C.: Digital picture processing. New York: Academic Press 1982

[5.26] Scher, A.; Shneier, M.; Rosenfeld, A.: Clustering of collinear line segments. Pattern Recognition 15 (1982) 85-91

[5.27] Veen, T.M.v.; Groen, F.C.A.: Discretization errors in the Hough transform. Pattern Recognition 14 (1981) 137-145

[5.28] Wallace, A.M.: Greyscale image processing for industrial applications. Image and Vision Computing 1 (1983) 178-188

[5.29] Wu, Y.; Maitre, H.: Registration of rotated pictures with hidden parts using dynamic programming. Int. Conf. on Pattern Recognition (1986) 792-794

[5.30] Yamada, H.; Kasvand, T.: DP matching method for recognition of occluded, reflective and transparent objects with unconstrained background and illumination. Int. Conf. on Pattern Recognition (1986) 95-98

6 Konturapproximation

Durch die im vorangegangenen Kapitel beschriebene Konturpunktverkettung ist, verglichen mit dem Ursprungsbild, eine ausgeprägte Datenreduktion erreicht worden. Für eine Weiterverarbeitung in der Symbolikstufe ist allerdings eine weitere Reduktion wünschenswert.

Zu diesem Zweck stehen *interpolierende* und *approximierende* Verfahren zur Verfügung, die eine Kette von Punkten durch Kurven beschreiben (curve fitting). Im ersten Fall verläuft die Kurve exakt durch die vorgegebenen Stützpunkte (vgl. Anhang B), im zweiten Fall verläuft sie in der Nähe derselben. Für Anwendungen im Bereich der Computergrafik verwendet man Polynome und insbesondere Splines sowie Bezier-Kurven [6.6]. Sie sind dem visuellen Empfinden des Menschen recht zuträglich, da keine plötzlichen Richtungs- und Krümmungsänderungen auftreten.

Im Bereich der „maschineninternen" Bildverarbeitung führt man die Approximation überwiegend mit Hilfe von Geradenstücken durch, da diese leicht zu verarbeiten sind. Die nachfolgenden Abschnitte beschreiben einige typische Vertreter dieser Verfahren.

6.1 Split&Merge-Verfahren

Bild 6.1a zeigt eine Konturpunktkette, die durch Geradenstücke (Segmente) approximiert werden soll. Dazu verbindet man versuchsweise die Punkte A und E durch eine Gerade (Bild 6.1b). Der größte Fehler tritt durch Punkt B auf. Der Fehler sei nicht akzeptabel: Dann erfolgt ein Splitten des Segmentes (Bild 6.1c). Dieser Vorgang wird fortgesetzt bis der maximale Approximationsfehler unterhalb des akzeptablen Fehlers liegt. Ramer [6.7] und Duda/Hart [6.2] verwenden dieses Schema für ihre Verfahren.

Ein typischer Nachteil der reinen Splitting-Verfahren ist die Generierung unnötiger Segmente. Überflüssig ist z.B. in Bild 6.2 die Aufspaltung des

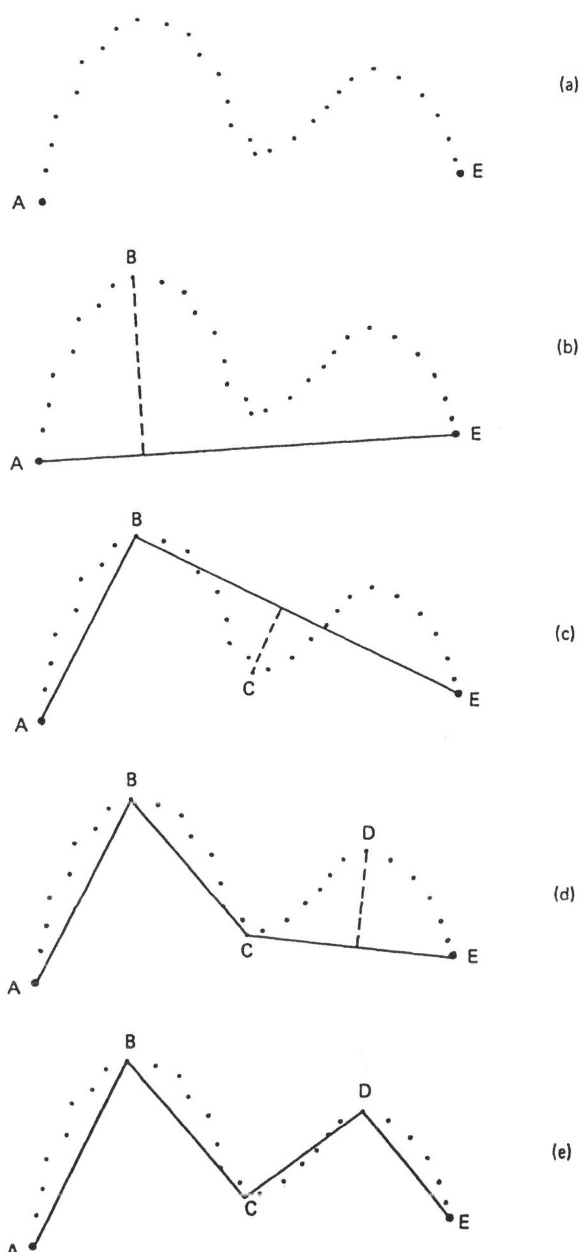

Bild 6.1. Approximation mit Hilfe eines Split&Merge-Verfahrens

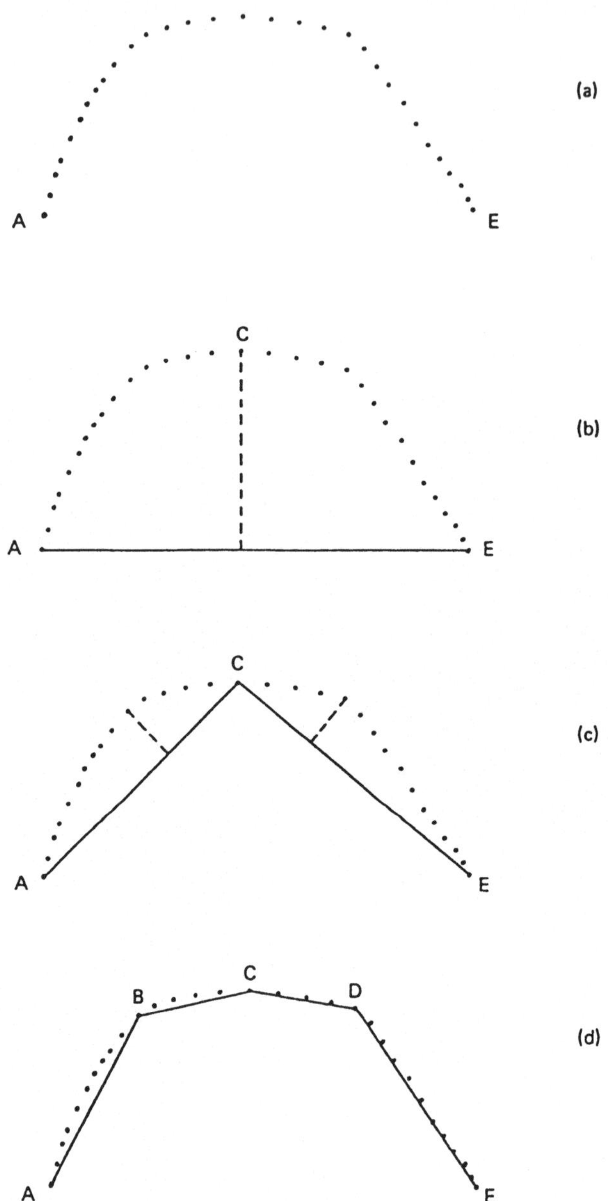

Bild 6.2. Übersegmentierung durch das Verfahren: Die Segmente BC und CD können verschmolzen werden

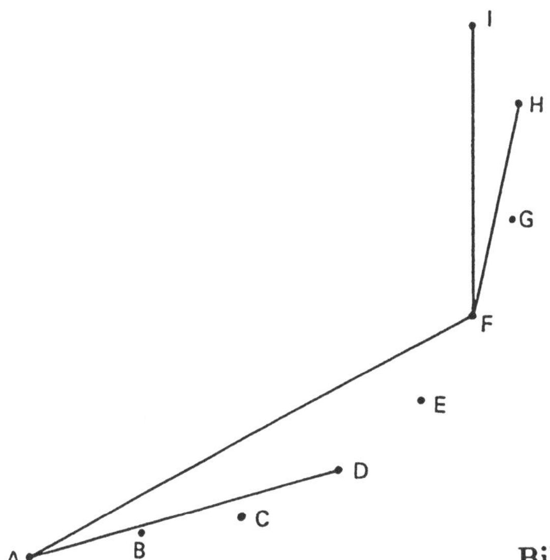

Bild 6.3. Suche nach dem längsten Segment

Segments BD in die Segmente BC und CD. Dieses Problem führt zu den Split&Merge-Verfahren, die durch das abschließende Verschmelzen und „Zurechtrücken" zuvor unnötig gespaltener Segmente den Polygonzug bereinigen [6.5].

Ein von Dunham [6.3] durchgeführter Vergleich der bekanntesten Approximationsverfahren fällt im Fall derjenigen von Ramer [6.7] und Pavlidis/Horowitz [6.5] allerdings überraschend aus. Die Verbesserung durch das Verschmelzen sind sehr gering. In einigen Fällen verschlechtert sich das Ergebnis sogar. Der Rechenaufwand des Split&Merge-Ansatzes ist außerdem groß. Er beträgt für komplizierte Konturen annähernd das zehnfache des Ramerschen Splitting-Verfahrens. Im Vergleich mit den übrigen von Dunham beschriebenen Verfahren ist die Leistungsfähigkeit des einfachen Splittings im Mittelfeld anzusiedeln.

Die Möglichkeit der Realisierung auf einer Multi-Mikroprozessor-Maschine wie z.B. PASM [6.4] macht dieses Verfahren allerdings besonders interessant. Diese Tatsache ist angesichts der sequentiellen Inhärenz der Approximation besonders hoch zu bewerten.

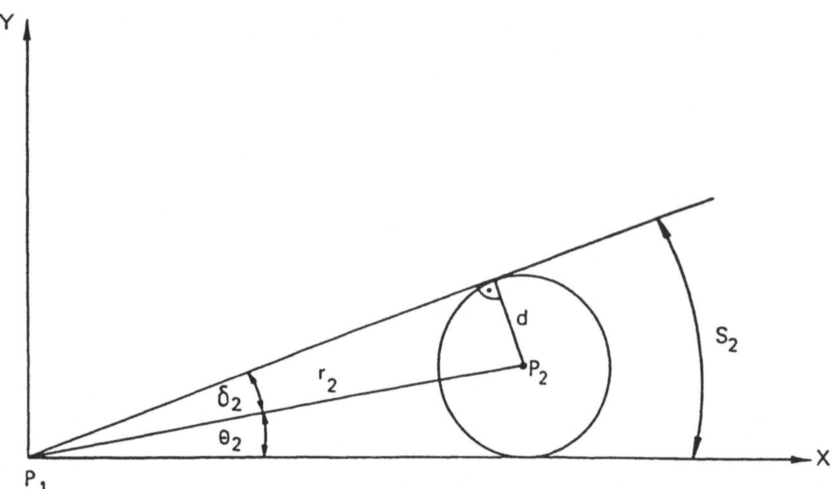

Bild 6.4. Zur Berechnung des Approximationsfehlers

6.2   Suche nach dem längsten Segment

Das Prinzip der Suche nach dem längsten Segment zeigt Bild 6.3. Ausgehend
vom Konturpunkt A ist das Segment mit dem größten noch akzeptablen
Approximationsfehler zu bestimmen. Sei dieses in unserem Beispiel AF.
Das so gefundene Segment wird vermerkt und mit dem neuen Startpunkt
F auf gleiche Weise fortgefahren. Williams [6.11] und Sklansky/Gonzalez
[6.10] beschreiben Anwendungen dieses Verfahrensschemas.

Entscheidend für die Effizienz der Verfahren ist das Abfahren der zu approximierenden Kontur (scan-along procedure). Eine typische Realisierung ist
die von Williams. Sie wird im folgenden vorgestellt. Die Formalisierung
des Approximationsproblems geht von einer geordneten Menge P von n
(Kontur)-Punkten aus, die durch eine Sequenz von Geradenstücken approximiert werden sollen

$$P = \{p_i = (x_i, y_i) | i = 1, \ldots, n\}.$$

Ziel ist die Bestimmung einer Untermenge von m Punkten

$$P' = \{p'_i | i = 1, \ldots, m; \ p'_1 = p_1; \ \ldots \ ; p'_m = p_n\},$$

die die Anfangs- bzw. Endpunkte der approximierenden Geradenstücke darstellen. Bedingung ist allerdings, daß der Abstand zwischen diesen Geradenstücken und den Originalpunkten aus P höchstens d beträgt.

Für die weitere Bearbeitung ist es günstig, die Konturpunkte mit Hilfe von Polarkoordinaten und den Anfangspunkt p_1 als Ursprung des Koordinatensystems darzustellen

$$P = \{(0,0), p_i = (r_i, \theta_i) | i = 2, \ldots, n\}$$

mit

$$r_i = \sqrt{(x_i - x_1)^2 + (y_i - y_1)^2}$$

$$\theta_i = \arctan \frac{y_i - y_1}{x_i - x_1}.$$

Auf dieser Basis läßt sich der Approximationsfehler folgendermaßen handhaben (Bild 6.4). S_i sei die Menge aller durch den Punkt p_1 verlaufenden Geraden, die in einem Abstand $\leq d$ an einem anderen Punkt p_i vorbeilaufen

$$S_i = \{\theta = \Phi | (\theta_i - \delta_i) \leq \Phi \leq (\theta_i + \delta_i)\}$$

mit

$$\delta_i = \arcsin(d/r_i), \ i \neq 1.$$

T_i sei die Schnittmenge der Mengen S_j (Bild 6.5)

$$T_i = \bigcap_{j=2}^{i} S_j.$$

Mit Hilfe von T_i wird die „scan-along"-Prozedur gesteuert. Ist die Schnittmenge leer, so ist der Approximationsfehler zu groß und ein neues Geradenstück ist zu installieren. Gleiches gilt für eine Schnittmenge, in der nicht sämtliche θ_j ($j = 2, \ldots, i$) enthalten sind. Sind aber sämtliche θ_j vorhanden, so liegt der Approximationsfehler im akzeptablen Bereich und die „scan-along"-Prozedur kann den nächsten Punkt p_{i+1} untersuchen. In Bild 6.5

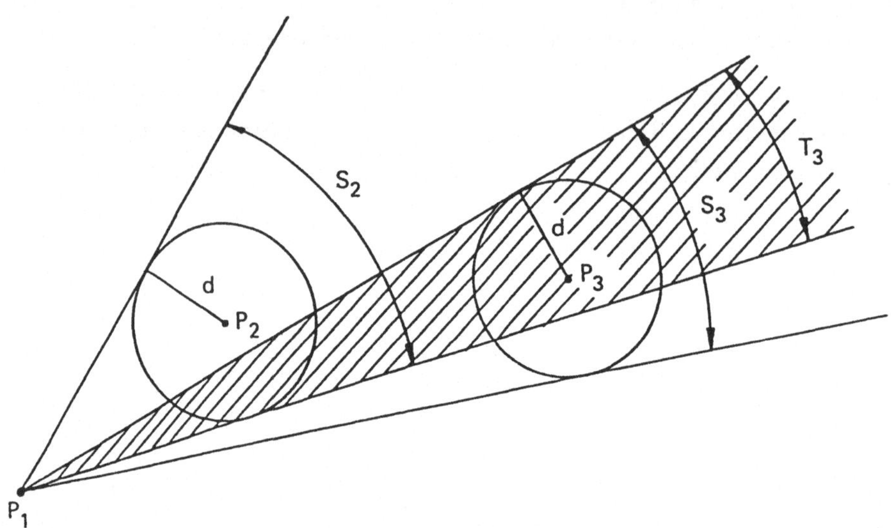

Bild 6.5. Zur Ermittlung der Schnittmenge T_3

ist die Schnittmenge $T_3 = S_2 \cap S_3$ durch eine Schraffur angedeutet. Die Punkte p_1 und p_3 können durch ein Geradenstück verbunden werden, da der Abstand zwischen p_2 und dieser Gerade kleiner als d ist.

Williams beschreibt eine effiziente Implementierung des Algorithmus, die aber am o.g. Prinzip nichts verändert. In Abschnitt 6.5 wird ein „scan-along"-Algorithmus beschrieben, der auf dem hier vorgestellten basiert, allerdings an einigen Details Verbesserungen aufweist.

6.3   Strip-Algorithmus

Der Strip-Algorithmus basiert auf einer Idee von Reumann/Witkam [6.8]. Bild 6.6 zeigt eine Sequenz von Konturpunkten $p_a, p_{a+1}, p_{a+2}, \dots$ Die durch p_a und p_{a+1} verlaufende Gerade (Kritische Linie) dient als Ausgangspunkt für die Konstruktion des Streifens. Dessen Grenzen (boundary lines) verlaufen im Abstand d parallel zur Mittellinie. Die im Streifen verbliebenen Konturpunkte können durch ein Geradenstück approximiert werden. In unserem Beispiel sind dieses $p_a, p_{a+1}, p_{a+2}, p_{a+3}$. Der Startpunkt des Geradenstücks q_i ist identisch mit p_a, der Endpunkt q_{i+1} ist identisch mit p_{a+3}. Letzterer ist außerdem Startpunkt des nächsten Geradenstücks.

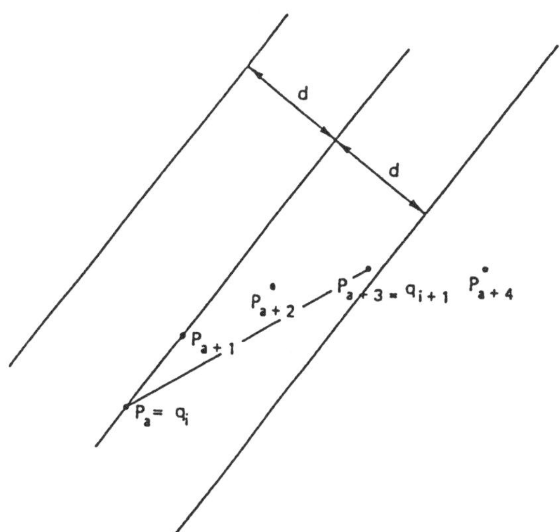

Bild 6.6. Prinzip des Strip-Algorithmus

Der Abstand eines Konturpunktes p_b von der Mittellinie berechnen Reumann/Witkam wie folgt (Bild 6.7)

$$D_b = |(y_b - y_b') \cos w|.$$

Hierbei sind

$$y_b' = \frac{(y_{a+1} - y_a)(x_b - x_a)}{(x_{a+1} - x_a)} + y_a$$

und

$$\cos w = \frac{(x_{a+1} - x_a)}{\sqrt{(x_{a+1} - x_a)^2 + (y_{a+1} - y_a)^2}}.$$

Mit

$$\Delta x = x_{a+1} - x_a$$
$$\Delta y = y_{a+1} - y_a$$

erhält man

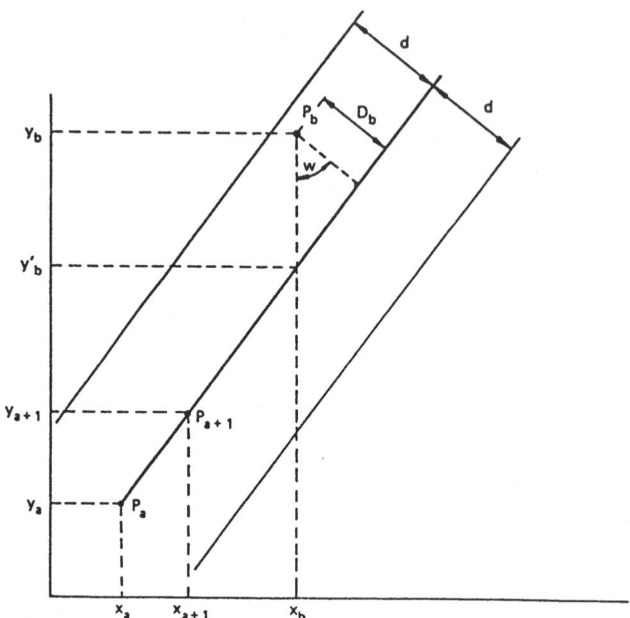

Bild 6.7. Zur Berechnung von D_b

$$D_b = |(y_b - y_a - \Delta y/\Delta x)\,(x_b - x_a)\frac{\Delta x}{\sqrt{\Delta x^2 + \Delta y^2}}|.$$

Aufbauend auf dieser Idee entwickelte Robergé [6.9] den Enhanced Strip Algorithm (ESA). Dieser vermeidet einige Fehler des Grundverfahrens und ist sehr schnell (s.a. [6.3]). Eine wichtige Änderungs betrifft die Konstruktion der Streifenmittellinie (Bild 6.8). Robergé benutzt für diesen Zweck die Konturpunkte p_a und p_f. Letzterer ist der erste Punkt, der außerhalb der Entfernung d von p_a liegt. Dieser Ansatz gewährleistet einen wesentlich stabileren Algorithmus.

Die Berechnung von D_b ist ebenfalls verändert (Bild 6.9). p_b sei irgendein Nachfolger von p_f, also $b > f$. Nun ergibt sich D_b folgendermaßen:

Mit

$$\begin{aligned} x &= x_f - x_a \\ y &= y_f - y_a \end{aligned}$$

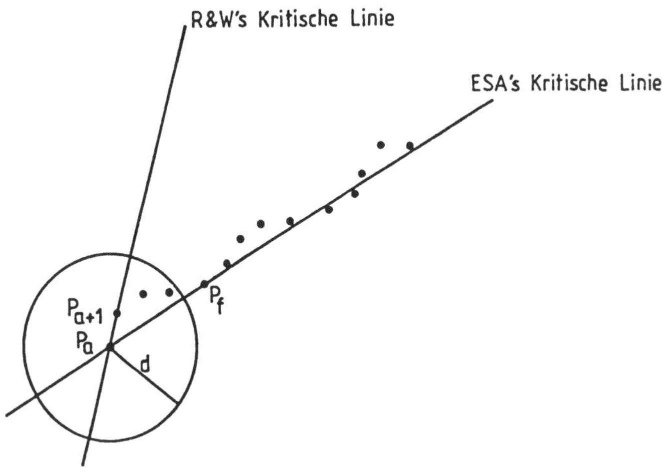

Bild 6.8. Unterschiedliche Ermittlung der „Kritischen Linie" [6.9]

$$r = \sqrt{\Delta x^2 + \Delta y^2}$$

und

$$\begin{aligned}
\cos w &= \Delta x / r \\
\tan w &= \Delta y / r \; (\Delta x \neq 0)
\end{aligned}$$

sowie

$$\begin{aligned}
dx &= x_b - x_a \\
dy &= y_b - y_a
\end{aligned}$$

wird

$$D_b = \begin{cases} dx & \text{wenn} \quad \Delta x = 0 \\ (dy - dx \cdot \tan w) \cos w & \text{wenn} \quad \Delta x \neq 0. \end{cases}$$

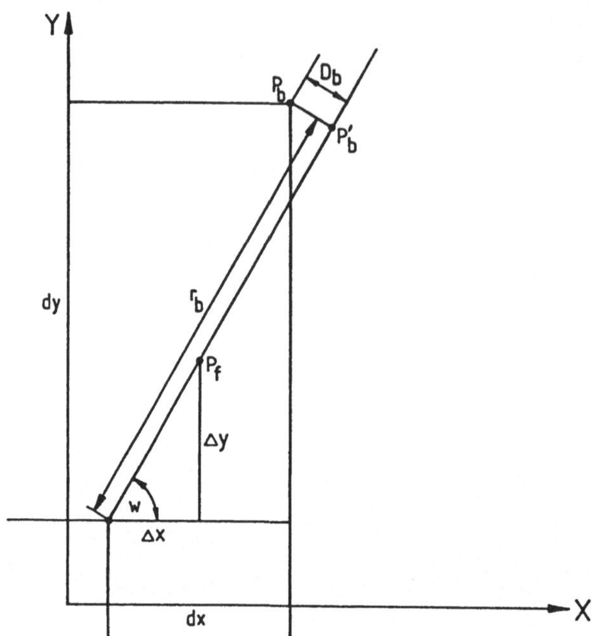

Bild 6.9. Zur Ermittlung von D_b und r_b [6.9]

Neben D_b verwendet Robergé die Entfernung r_b zwischen p_a und der orthogonalen Projektion von p_b auf die Mittellinie p'_b

für $b = f$:

$$r_f = \begin{cases} |\Delta y| & \text{wenn} \quad \Delta x = 0 \\ r & \text{wenn} \quad \Delta x \neq 0 \end{cases}$$

für $b > f$:

$$r_b = \begin{cases} dy \cdot \Delta y / |\Delta y| & \text{wenn} \quad \Delta x = 0 \\ D_b \cdot \tan w + dx / \cos w & \text{wenn} \quad \Delta x \neq 0. \end{cases}$$

Dieser Parameter dient der Detektion von Konturspitzen, die insbesondere in der eindimensionalen Signalverarbeitung (z.B. Sprachauswertung) auftreten.

Die Beschreibung des ESA ist in [6.9] sehr detailiert ausgeführt. Das Listing einer entsprechenden PASCAL-Prozedur befindet sich im Anhang von [6.9].

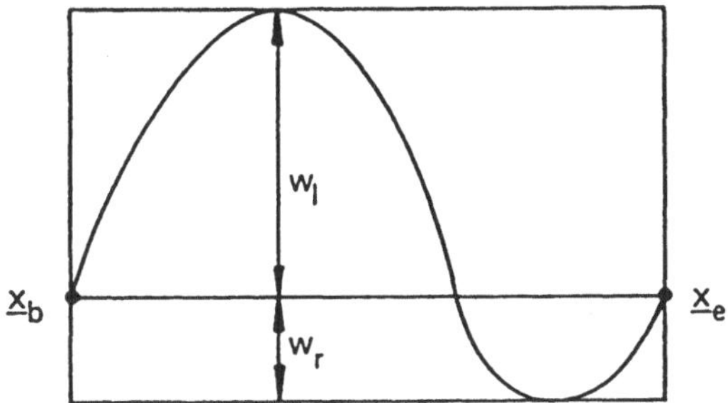

Bild 6.10. Einschließen einer Kurve durch einen Streifen

6.4 Strip-Trees

Die Idee der „strip trees" wurde von Ballard [6.1] vorgeschlagen. Sie ermöglicht eine hierarchische Darstellung von ebenen Kurven. Bild 6.10 zeigt eine solche beginnend mit dem Punkt $\underline{x}_b = (x_b, y_b)$ und endend mit dem Punkt $\underline{x}_e = (x_e, y_e)$. Die Kurve ist eingeschlossen in einen Streifen der Breite $w = w_l + w_r$ und der Länge der geraden Verbindungslinie zwischen x_b und x_e. Entscheidend für die Exaktheit der Approximation ist die Breite w. Ist der Fehler zu groß, so muß die Kurve zerlegt werden und die Teilstücke sind wiederum zu approximieren. Die Zerlegung erfolgt wahlweise an einem der beiden Punkte, die den Rand des Streifens berühren. Dieser Prozeß wird bis zum Erreichen eines akzeptablen Fehlers fortgesetzt und die so erhaltenen Streifen in einem binären Baum abgelegt.

Bild 6.11 zeigt ein Beispiel. Die Kurve beginnt mit dem Punkt (3,8) und endet mit dem Punkt (28,8). Der entsprechende Streifen ist fett gezeichnet. Die erste Zerlegung erfolgt am Punkt (12,23), d.h. es sind die beiden Kurven (3,8),(12,23) und (12,23),(28,8) entstanden. Sie sind durch die dünn gezeichneten Streifen eingeschlossen. Die zweite Zerlegung ist mit Hilfe der gestrichelt gezeichneten Streifen realisiert. Eine weitere Zerlegung erscheint angebracht. Auf sie sei aus Gründen der Übersichtlichkeit verzichtet. Bild 6.12 zeigt den zugehörigen Baum.

Auf der Basis dieser Kurvendarstellung, können verschiedene Aussagen über die Kurve gewonnen, sowie Operationen mit anderen Bäumen oder Baumelementen ausgeführt werden.

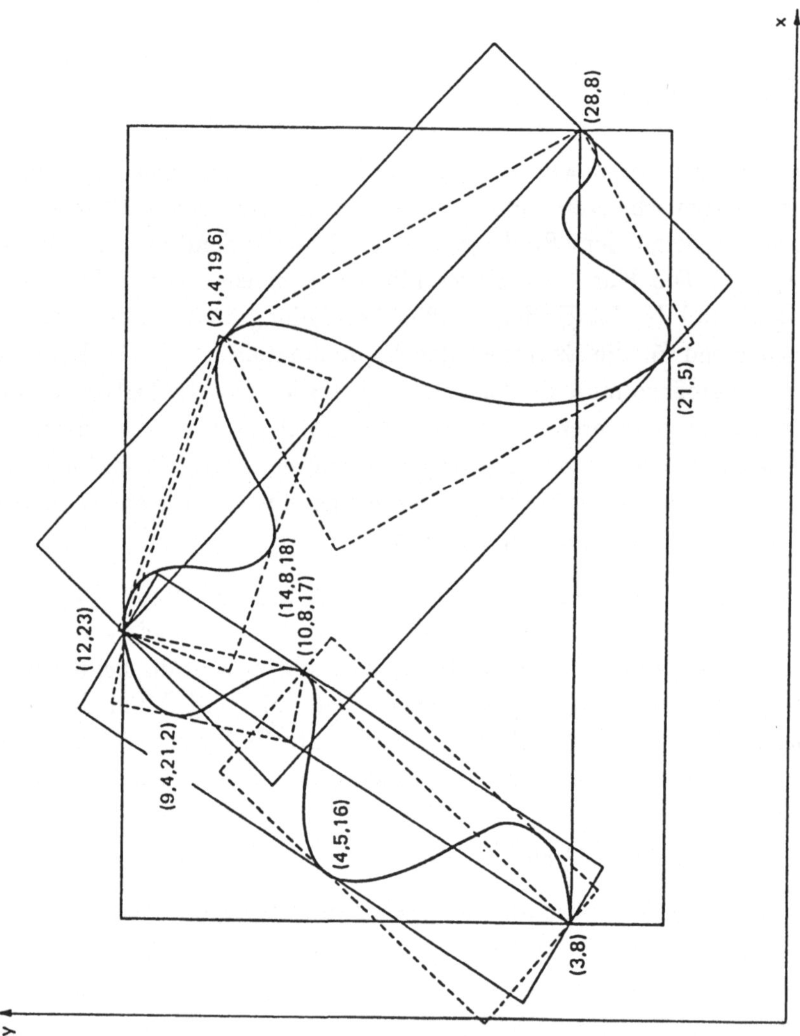

Bild 6.11. Beispiel einer Strip-Tree-Approximation

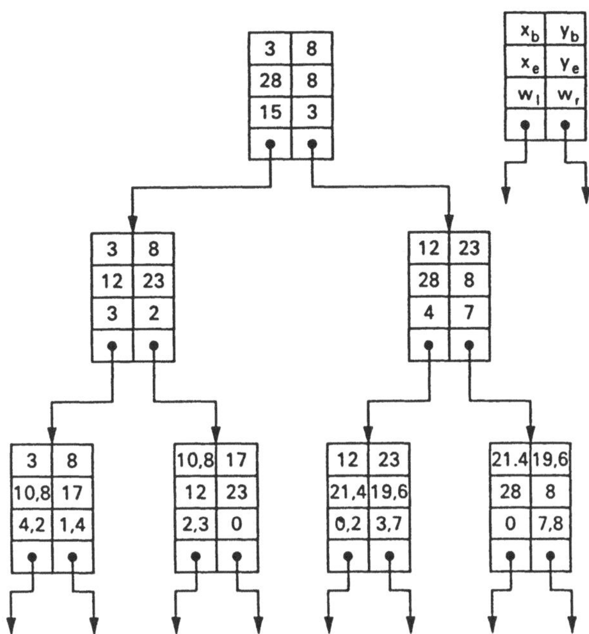

Bild 6.12. Baumdarstellung des Beispiels in Bild 6.11

6.5 Optimale Approximation

Das von Dunham [6.3] vorgeschlagene Verfahren findet die minimale Anzahl
der approximierenden Segmente unter Vorgabe eines maximalen Approximationsfehlers. Dunham benutzt die Ergebnisse dieses optimalen Verfahrens
als Referenz für den Leistungsvergleich diverser bekannter (nichtoptimaler)
Verfahren. Die Ergebnisse wurden teilweise in die vorangegangenen Abschnitte eingeflochten. Daher sei im folgenden nur das optimale Verfahren
dargestellt.

Dunhams Formalisierung des Approximationsproblems geht von einer geordneten Menge C_d von Konturpunkten aus

$$C_d = \{p_i = (x_i, y_i) | 0 \le i \le I\}.$$

Dabei ist das erste Pixel p_0 und das letzte p_I. Die durch C_d repräsentierte
Kurve soll durch die Kurve C_a bestehend aus einer Sequenz von Segmenten
approximiert werden. Die Knickpunkte p_{u_j} (Bild 6.13) von C_a liegen auf C_d
und erfüllen die Bedingung

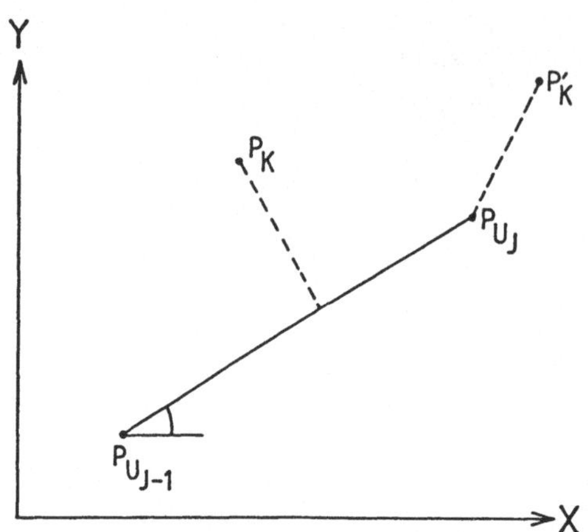

Bild 6.13. Zur Nomenklatur des Verfahrens von Dunham [6.3]

$$0 \leq u_0 < u_1 < \ldots < u_N \leq I.$$

Dabei ist N die Anzahl der Segmente. Bild 6.13 zeigt die beiden benachbarten Knickpunkte $p_{u_{j-1}}$ und p_{u_j}, die Anfangs- und Endpunkt des j-ten Segments bilden. Dieses approximiert diejenigen Punkte p_k aus C_d, für die gilt

$$u_{j-1} \leq k \leq u_j.$$

Die gestrichelten Linien stellen den Approximationsfehler für die Punkte p_k bzw. p'_k dar.

„Scan-along"-Algorithmus

Der Algorithmus basiert auf dem in Abschnitt 6.2 dargestellten. Bild 6.14 zeigt ein typisches Beispiel, in dem die Punkte p_i ($0 \leq i \leq 5$) durch Segmente approximiert werden sollen. Der maximal erlaubte Fehler ist $d = 1,5$. Tabelle 6.1 enthält die geometrischen Daten, sowie die mit ihrer Hilfe ermittelte Menge T_i. Für $1 \leq i \leq 3$ ist $\theta_i \in T_i$, während dieses im Fall von $i = 4$ nicht gilt. Für $i = 5$ ist T_i leer. Somit können die Punkte p_0 bis p_3 durch ein Segment (mit p_0 als Anfangs- und p_3 als Endpunkt) approximiert werden. Die Approximation beginnt von neuem mit dem Anfangspunkt p_3 des nächsten Segments.

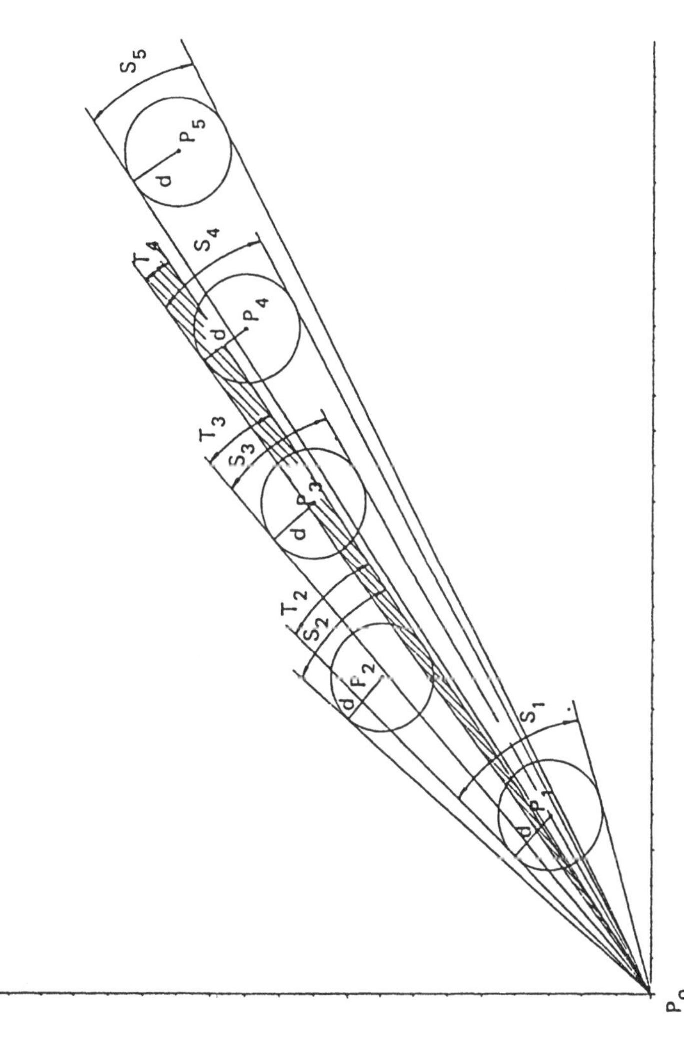

Bild 6.14. Typisches Beispiel für die Anwendung des Scan-Along-Algorithmus

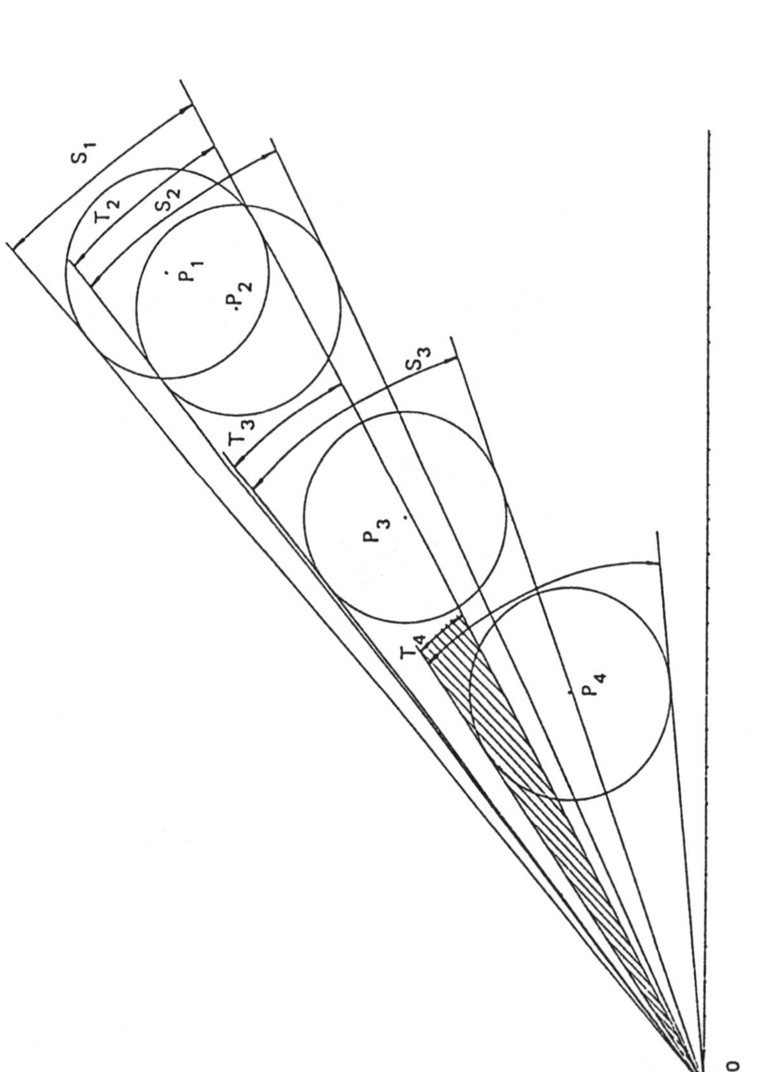

Bild 6.15. Verhalten des Scan-Along-Algorithmus im Falle einer stark gekrümmten Kurve

Tabelle 6.1. Geometrische Daten der Konturpunkte in Bild 6.14

i	x_i	y_i	r_i	θ_i	δ_i	$T(i)$ min	max
1	5	3	5.8	31.0°	15.0°		
2	9	8	12.0	41.6°	7.2°	34.4°	46.0°
3	14	10	17.2	35.5°	5.0°	34.4°	40.5°
4	19	12	22.5	32.3°	3.8°	34.4°	36.1°
5	24	14	27.8	30.3°	3.1°	34.4°	33.4°

Dieses Beispiel ist unkritisch, da die Punkte p_1 und p_2 sich wie p_k in Bild 6.13 verhalten, d.h. eine Senkrechte zum approximierenden Segment existiert. Punkte, für die dieses nicht gilt (p'_k in Bild 6.13), berücksichtigt der Basisalgorithmus nicht. Bild 6.15 zeigt ein entsprechendes Beispiel, das aus Gründen der Anschaulichkeit extrem gestaltet wurde. Die durch die Punkte p_i ($0 \leq i \leq 4$) repräsentierte Kurve weist bei p_1 einen scharfen Knick auf. Der Basisalgorithmus ermittelt ein Segment mit dem Anfangspunkt p_0 und dem Endpunkt p_3 (Tabelle 6.2). Dieses ist offensichtlich falsch, da die Entfernungen von p_1 und p_2 vom Segment größer als $d = 1,5$ sind.

Dunham schlägt daher folgende Verbesserung vor. Sofern der Abstand r_i des potentiellen Endpunkts p_i eines Segments größer als die Abstände r_1 bis r_{i-1} der Punkte p_1 bis p_{i-1} ist, kann der Basisalgorithmus verwendet werden. Trifft dies aber nicht zu, so sind ausgehend vom entferntesten Punkt p_m ($1 \leq m \leq i$) diejenigen Punkte p_j ($m < j \leq i$) zu suchen, die nicht weiter als d von p_m entfernt sind. Von diesen wiederum ist derjenige der Endpunkt des Segments, der den größten Index aufweist. Im Beispiel aus Bild 6.15 ist dieses p_2.

Berechnung des Approximationsfehlers

Den Ausgangspunkt für die Berechnung zeigt Bild 6.13. Dunham führt eine Koordinatentransformation durch, so daß $p_{u_{j-1}}$ am Ursprung und das approximierende Segment auf der x-Achse liegt (Bild 6.16). Die neuen Koordinaten des Punktes p'_k sind dann

Tabelle 6.2. Geometrische Daten der Konturpunkte in Bild 6.15

i	x_i	y_i	r_i	θ_i	δ_i	$T(i)$ min	max
1	23	16	28.0	34.8°	6.2°		
2	22	14	26.1	32.5°	6.6°	28.6°	39.1°
3	16	9	18.4	29.4°	9.4°	28.6°	38.8°
4	11	4	11.7	20.0°	14.9°	28.6°	34.9°

$$x'_k = \ \ (x_k - x_{u_{j-1}})\cos\theta + (y_k - y_{u_{j-1}})\sin\theta$$
$$y'_k = -(x_k - x_{u_{j-1}})\sin\theta + (y_k - y_{u_{j-1}})\cos\theta$$

mit

$$\cos\theta = \frac{(x_{u_j} - x_{u_{j-1}})}{\sqrt{(x_{u_j} - x_{u_{j-1}})^2 + (y_{u_j} - y_{u_{j-1}})^2}}$$

$$\sin\theta = \frac{(y_{u_j} - y_{u_{j-1}})}{\sqrt{(x_{u_j} - x_{u_{j-1}})^2 + (y_{u_j} - y_{u_{j-1}})^2}}.$$

Der Fehler $e(u_{j-1}, u_j, k)$ für den Punkt p_k ist dann:

$$e(u_{j-1}, u_j, k) = \begin{cases} \sqrt{(x_k - x_{u_{j-1}})^2 + (y_k - y_{u_{j-1}})^2} & \text{wenn} \quad x'_k < 0 \\ \sqrt{(x_k - x_{u_j})^2 + (y_k - y_{u_j})^2} & \text{wenn} \quad x'_k > x'_{u_j} \\ |y'_k| & \text{sonst.} \end{cases}$$

Für das gesamte Segment errechnet sich der Fehler wie folgt

$$e(u_{j-1}, u_j) = \max_{u_{j-1} \leq k \leq u_j} e(u_{j-1}, u_j, k).$$

Der Fehler der gesamten Approximation ist

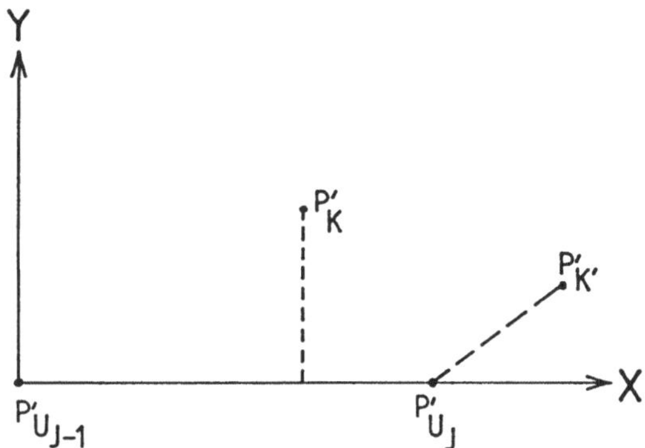

Bild 6.16. Zur Berechnung des Approximationsfehlers [6.3]

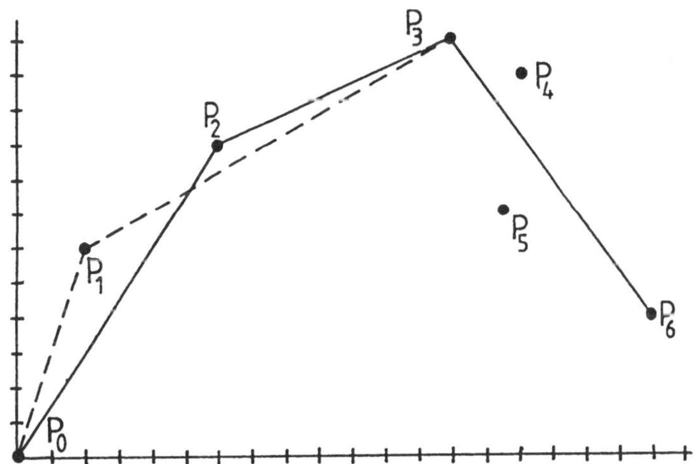

Bild 6.17. Die Approximation der sieben Punkte benötigt mindestens drei Segmente ($d = 2$)

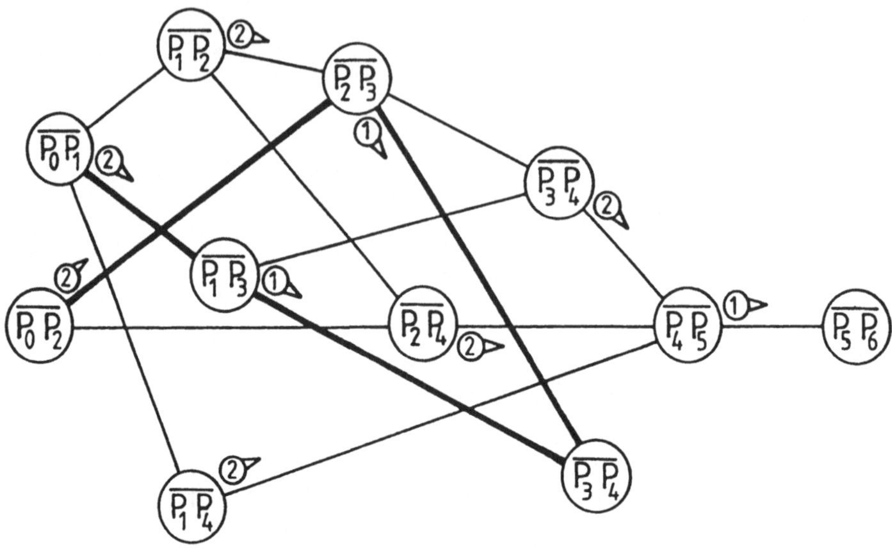

Bild 6.18. Grafische Darstellung des Optimierungsverfahrens

$$e(C_d, C_a) = \max_{1 \le j \le N} e(u_{j-1}, u_j).$$

Wie eingangs erwähnt, besteht das Ziel im Auffinden einer approximierenden Kurve C_a mit einer minimalen Anzahl von Segmenten, wobei $e(C_d, C_a) \le d$ gefordert ist. Der modifizierte „scan-along"-Algorithmus ermittelt nach wie vor die längsten Segmente. Der folgende Abschnitt befaßt sich mit dem eigentlichen Optimierungsproblem.

Ermittlung der minimalen Segmentanzahl

Bild 6.17 zeigt sieben Punkte p_0 bis p_6, die mit dem Ziel minimaler Segmentanzahl approximiert werden sollen. Der maximal erlaubte Fehler d sei 2. Die Optimierung verläuft gemäß dem Prinzip der dynamischen Programmierung (Anhang D).

Für einen Index u sei $V(u)$ die Menge der Punkte, deren Index v kleiner als u ist *und* für die gilt, daß ein potentielles Segment mit dem Anfangspunkt p_v und dem Endpunkt p_u dem Fehlerkriterium gehorcht

$$V(u) = \{v | v < u;\ e(v, u) \le d\}.$$

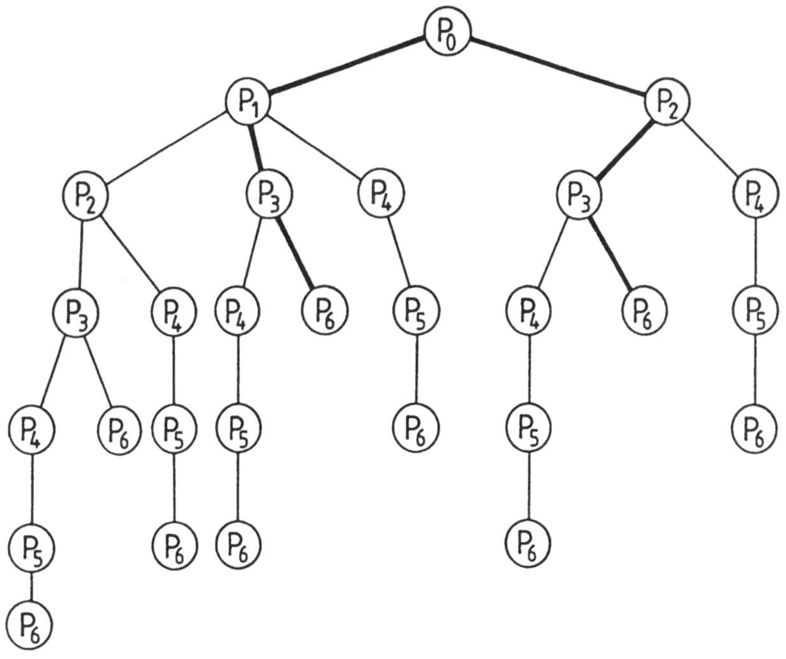

Bild 6.19. Optimierung mit Hilfe eines Suchbaums

$V(u)$ wird mit Hilfe des „scan-along"-Algorithmus ermittelt. Weiter sei $F(u)$ die minimale Anzahl der Segmente, die für die Approximation der Punkte zwischen p_0 und p_u benötigt werden. Dann ist:

$$
\begin{aligned}
F(0) &= 0 \\
F(1) &= 1 \\
F(u) &= \min_{v \in V(u)} \{1 + F(v)\}
\end{aligned}
$$

Für unser Beispiel ergibt sich der Optimierungsablauf wie folgt:

$$p_0 : \quad F(0) = 0$$

$$p_1 : \quad F(1) = 1$$

$$
\begin{aligned}
p_2 : \quad & V(2) = \{0, 1\} \\
& F'(2) = 1 + F(0) = 1 + 0 = 1 \qquad F(2) = 1 \\
& F'(2) = 1 + F(1) = 1 + 1 = 2
\end{aligned}
$$

$$p_3: \quad V(3) = \{1,2\}$$
$$F'(3) = 1 + F(1) = 1 + 1 = 2 \qquad F(3) = 2$$
$$F'(3) = 1 + F(2) = 1 + 1 = 2$$

$$p_4: \quad V(4) = \{1,2,3\}$$
$$F'(4) = 1 + F(1) = 1 + 1 = 2 \qquad F(4) = 2$$
$$F'(4) = 1 + F(2) = 1 + 1 = 2$$
$$F'(4) = 1 + F(3) = 1 + 2 = 3$$

$$p_5: \quad V(5) = \{4\}$$
$$F'(5) = 1 + F(4) = 1 + 2 = 3 \qquad F(5) = 3$$

$$p_6: \quad V(6) = \{3,5\}$$
$$F'(6) = 1 + F(3) = 1 + 2 = 3 \qquad F(6) = 3$$
$$F'(6) = 1 + F(5) = 1 + 3 = 4$$

Backtracking:

$F'(6)$ ist minimal für das Segment $p_3 - p_6$,
$F'(3)$ ist minimal für die Segmente $p_1 - p_3$ und $p_2 - p_3$,
$F'(2)$ ist minimal für das Segment $p_0 - p_2$,
$F'(1)$ ist minimal für das Segment $p_0 - p_1$.

Es gibt also folgende Lösungen

$p_0 - p_1 - p_3 - p_6$,
$p_0 - p_2 - p_3 - p_6$.

Bild 6.18 zeigt die grafische Darstellung der Optimierung mittels dynamischer Programmierung und Bild 6.19 die Lösung mit Hilfe eines Suchbaums.

Literatur zu Kapitel 6

[6.1] Ballard, D.H.: Strip trees: a hierarchical representation for curves. Comm. ACM 24 (1981) 310-321

[6.2] Duda, R.O.; Hart, P.E.: Pattern classification and scene analysis. New York: Wiley-Intersience Publication 1973

[6.3] Dunham, J.G.: Optimum uniform piecewise linear approximation of planar curves. IEEE Trans. PAMI-8 (1986) 67-75

[6.4] Kuehn, J.T.; Fessler, J.A.; Siegel, H.J.: Parallel image thinning and vectorization on PASM. Computer Vision and Pattern Recognition (1985) 368-374

[6.5] Pavlidis, Th.; Horowitz, S.L.: Segmentation of plane curves. IEEE Trans. C-23 (1974) 860-870

[6.6] Pavlidis, Th.: Algorithms for graphics and image processing. Berlin, Heidelberg, New York, Tokyo: Springer 1982

[6.7] Ramer, U.: An iterative procedure for the polygonal approximation of plane curves. Computer Vision and Image Processing 1 (1972) 244-256

[6.8] Reumann, K.; Witkam, A.P.M.: Optimizing curve segmentation in computer graphics. In: Gunther, A.; Levrat, B.; Lipps, H. (Eds.): International Computer Symposium. New York: Amer. Elsevier 1974, pp. 467-472

[6.9] Robergé, J.: A data reduction algorithm for planar curves. Computer Vision Graphics and Image Processing 29 (1985) 168-195

[6.10] Sklansky, J.; Gonzalez, V.: Fast polygonal approximation of digitized curves. Pattern Recognition 12 (1980) 327-331

[6.11] Williams, Ch.M.: An efficient algorithm for the piecewise linear approximation of planar curves. Computer Graphics and Image Processing 8 (1978) 286-293

A Hilfsmittel aus der Statistik

Die Unterscheidung der Eigenschaften von *Stichproben* und *Grundgesamtheiten* ist sehr wichtig, wird aber leicht übersehen. Daher wird zunächst anhand eines Beispiels auf dieses Problem eingegangen.

Eine Maschine produziere Transistoren. Die Menge aller hergestellten Transistoren ist die Grundgesamtheit, wobei von gleichbleibenden Produktionsbedingungen ausgegangen wird. Ein interessierendes Merkmal ist der Stromverstärkungsfaktor B. Er ist eine *Zufallsgröße X*. Greift man eine *Stichprobe* von 10 Transistoren heraus und mißt B, so erhält man 10 *Realisierungen* x_1 bis x_{10} von X.

Die wichtigsten Parameter Mittelwert μ und Varianz σ^2 der Grundgesamtheit sind i.a. unbekannt. Sie können mit Hilfe einer Stichprobe *geschätzt* werden. Es hat sich erwiesen, daß diese Schätzungen von Mittelwert $\overline{x}$ und Varianz s_2 der Stichprobe zweckmäßig wie folgt definiert werden

$$\overline{x} = (1/n) \sum_{i=1}^{n} x_i$$

$$s^2 = \frac{1}{n-1} \sum_{i=1}^{n} (x_i - \overline{x})^2.$$

Die Varianz wird häufig mit $(n-1)$ anstatt mit n bewertet, da man davon ausgeht, daß die Varianz der Stichproben die Varianz der Grundgesamtheit unterschätzt.

χ^2-Verteilung

Seien X_i $(i = 1, \ldots, f)$ normal verteilte Zufallsvariablen. Dann ist

$$\chi^2 = \sum_{i=1}^{f} X_i^2$$

χ^2-verteilt mit f Freiheitsgraden. Für die Praxis ist der Ausgangspunkt etwas anders. Gegeben sei eine normal verteilte Grundgesamtheit (mit dem Mittelwert μ und der Varianz σ^2). Daraus entnehmen wir die Stichprobe $\{x_1, x_2, \ldots, x_n\}$ mit dem Mittelwert $\overline{x}$ und der Varianz s^2. Dann ist die Verteilung von

$$\chi^2 = \frac{(n-1)s^2}{\sigma^2} = (1/\sigma^2) \sum_{i=1}^{n} (x_i - \overline{x})^2$$

eine χ^2-Verteilung mit $(n-1)$ Freiheitsgraden. Kennt man aber den Mittelwert der Grundgesamtheit, so erhält man

$$\chi^2 = (1/\sigma^2) \sum_{i=1}^{n} (x_i - \mu)^2.$$

Dieses ist eine χ^2-Verteilung mit n Freiheitsgraden.

Die χ^2-Verteilung findet Anwendung zum Testen von Stichprobenvarianzen s^2. Diese werden auf Übereinstimmung mit der (bekannten) Varianz einer normal verteilten Grundgesamtheit σ_0^2 überprüft. Die Nullhypothese lautet also

$$H_0 : \quad s^2 = \sigma_0^2.$$

Der Test erfolgt mit

$$\chi^2 = \frac{(n-1)s^2}{\sigma_0^2}.$$

Ist χ^2 größer als der entsprechende tabellierte Wert (siehe z.B. [A.1], Tabelle 1.1.2.7), so ist die Nullhypothese zu verwerfen.

Die Anwendung sei an folgendem Beispiel verdeutlicht. Eine Maschine produziert 22 mm starke Fußbodenbretter. Der langjährige Erfahrungswert ergibt eine mittlere Schwankung der Stärke von $\pm 0,5$ mm. Die Varianz der Grundgesamtheit beträgt mithin $0,25$ mm^2. Zur Kontrolle wird eine Stichprobe von 20 Brettern entnommen. Die mittlere Abweichung ist etwas größer, nämlich $\pm 0,65$ mm, d.h. $s^2 = 0,42$ mm^2. Es stellt sich nun die Frage, ob diese erhöhte Abweichung im Rahmen des Üblichen bleibt, oder ob die Maschine defekt ist. Zur Beantwortung führen wir den folgenden Test durch

$$\chi^2 = \frac{19 \cdot 0,42\ \text{mm}^2}{0,25\ \text{mm}^2} = 32,1.$$

Der o.g. Tabelle entnimmt man für das 5%-Niveau ($\alpha = 0,05$) $\chi^2_{\text{Tabelle}} = 30,1$ und für das 2%-Niveau $\chi^2_{\text{Tabelle}} = 33,7$. Beharren wir auf dem strengeren 5%-Niveau, so müssen wir die Nullhypothese verwerfen und die Einstellung der Maschine überprüfen.

Zur Erklärung der Bedeutung von α sei auf die Skizze der Verteilungsfunktion in der o.g. Tabelle verwiesen. Die schraffierte Fläche repräsentiert α, und bedeutet die Wahrscheinlichkeit, daß die gewählte Schranke χ^2 zufällig überschritten wird. Mithin ist der Test umso strenger, je größer α gewählt wird.

Die χ^2-Verteilung hat folgende wichtige Eigenschaft: Seien X_1 und X_2 voneinander unabhängige Zufallsvariablen. X_1 sei χ^2-verteilt mit k_1 Freiheitsgraden. $(X_1 + X_2)$ sei ebenfalls χ^2-verteilt mit $(k > k_1)$ Freiheitsgraden. Dann ist X_2 χ^2-verteilt mit $(k - k_1)$ Freiheitsgraden.

Zum Abschluß sei noch darauf hingewiesen, daß der oben vorgestellte Test nicht der sog. χ^2-Anpassungstest, mit diesem aber eng verwandt ist.

F-Verteilung

Seien X_1 und X_2 voneinander unabhängige χ^2-verteilte Zufallsvariablen mit k_1 bzw. k_2 Freiheitsgraden. Dann ist

$$F = \frac{X_1/k_1}{X_2/k_2}$$

F-verteilt mit (k_1, k_2) Freiheitsgraden. Für die Praxis ist der Ausgangspunkt etwas anders. Gegeben seien zwei normal verteilte Grundgesamtheiten mit den Mittelwerten μ_1 bzw. μ_2 und *identischer* Varianz σ^2. Die F-Verteilung testet nun, ob die beiden Varianzen tatsächlich identisch sind. Dazu muß man i.a. auf die Stichprobenvarianzen zurückgreifen. Daher wird aus den o.g. Grundgesamtheiten jeweils eine Stichprobe mit n_1 bzw. n_2 Elementen entnommen. Dann ist die F-Verteilung

$$F = s_1^2 / s_2^2$$

mit $((n_1 - 1), (n_2 - 1))$ Freiheitsgraden. Ist F zu groß, so muß die Nullhypothese (für identische Varianzen) verworfen werden.

Die Anwendung sei an obigem Beispiel verdeutlicht. Zwei Maschinen produzieren 22 mm starke Fußbodenbretter. Der ersten Maschine werden 20 Bretter entnommen und $s_1 = 0,5$ mm festgestellt. Der zweiten Maschine werden 25 Bretter entnommen und $s_2 = 0,8$ mm festgestellt. Es stellt sich nun die Frage, ob s_2 signifikant größer als s_1 ist. Arbeitet also Maschine I exakter als Maschine II ? Zur Beantwortung führen wir den folgenden Test durch

$$F = s_2^2 / s_1^2 = \frac{0,64 \ \mathrm{mm}^2}{0,25 \ \mathrm{mm}^2} = 2,56.$$

Hierbei werden Zähler und Nenner so gewählt, daß $F \geq 1$ ist. Der Freiheitsgrad des Zählers ist $m_1 = 24$, der des Nenners $m_2 = 19$.

Tabellierte Werte für die F-Verteilung findet man z.B. in [A.1] (Tabelle 1.1. 2.10). Dieser Tabelle entnimmt man für das 5%-Niveau $F = 2,11$ und für das 1%-Niveau $F = 2,92$. Die Wahl des strengeren 5%-Niveaus führt zum Verwerfen der Nullhypothese. In diesem Fall kann man davon ausgehen, daß die beiden Maschinen unterschiedliche Grundgesamtheiten produzieren.

Ein Vergleich von χ^2- und F-Verteilung zeigt die bekannte Schärfe des χ^2-Tests. Während (in unserem Beispiel) dieser bereits bei einer erhöhten Standardabweichung von $\approx 0,65 \ \mathrm{mm}^2$ kritisch wird, ist dieses für den F-Test erst ab $\approx 0,8 \ \mathrm{mm}^2$ der Fall.

Literatur zu Anhang A

[A.1] Bronstein, I.N.; Semendjajew, K.A.: Taschenbuch der Mathematik. Frankfurt/Main: Harri Deutsch 1981

B Interpolation durch Polynome

Gegeben seien Meßwerte eines Versuches, die durch die Variation *eines* unabhängigen Parameters x ermittelt wurden. Die Frage ist nun, durch welche Funktion $f(x)$ dieser Vorgang beschrieben werden kann. Ist keine eindeutige Gesetzmäßigkeit erkennbar, so kann man versuchen, $f(x)$ durch ein Polynom $p(x)$ zu interpolieren

$$f(x) \approx p(x) = k_1 + k_2 x + k_3 x^2 + k_4 x^3. \tag{B.1}$$

Die k_i sind die Koeffizienten des Polynoms. Diese Verwendung eines Polynoms dritten Grades nennt man auch *kubische* Interpolation. Entsprechend erlaubt ein Polynom zweiten (ersten) Grades eine quadratische (lineare) Interpolation.

Polynome über den dritten Grad hinaus sind nicht zweckmäßig, da erstens die Rechenarbeit stark zunimmt und es zweitens zu „wilden Schwingungen" zwischen den Stützstellen kommen kann (s.u.). Zur Steigerung der Interpolationsgenauigkeit ist eine *stückweise* Interpolation mit Polynomen niedrigen Grades günstiger.

Diese Technik ist seit langem bekannt und muß daher nicht weiter erläutert werden. Ihre Anwendung für Zwecke der Bildverarbeitung ist hingegen weniger bekannt und wird hier am Beispiel der Arbeiten Haralicks vorgestellt.

Das Interpolationsproblem stellt sich im Fall der Bildverarbeitung folgendermaßen dar: Die „Versuchsergebnisse" seien die Grauwerte eines digitalisierten Bildes, die unabhängigen (diskreten) Parameter seien Zeilen- und

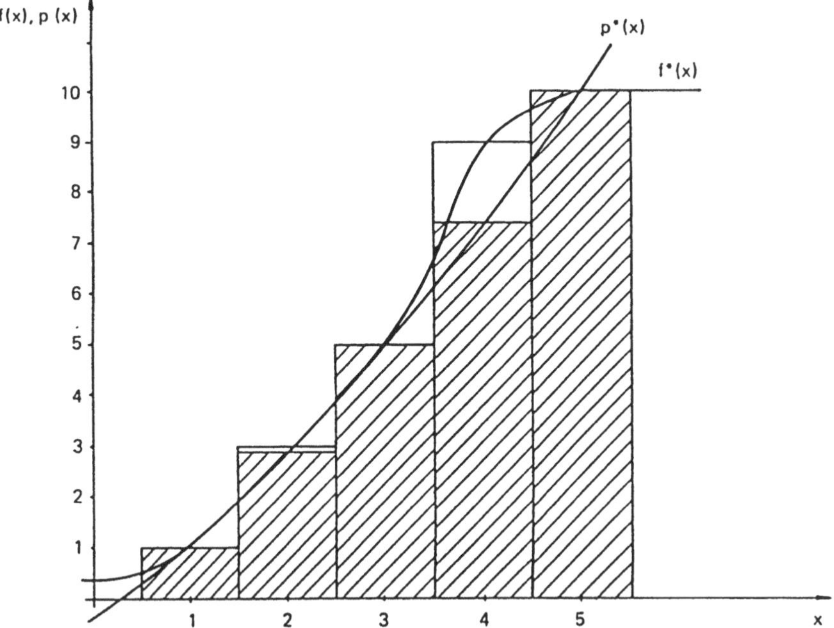

Bild B.1. Beispiel zur quadratischen Interpolation. Die Stützstellen sind in diesem Fall $x_0 = 1$, $x_1 = 3$ und $x_2 = 5$

Spaltenindezes (r und c) des Bildes. Die kubische Interpolation nimmt somit folgende Form an

$$
\begin{aligned}
f(r,c) \approx p(r,c) \;=\; & k_1 + \\
& k_2 r + k_3 c + \\
& k_4 r^2 + k_5 rc + k_6 c^2 + \\
& k_7 r^3 + k_8 r^2 c + k_9 rc^2 + k_{10} c^3.
\end{aligned}
\tag{B.2}
$$

Natürlich kann hiermit das Bild nur stückweise angenähert werden. Darauf beruht Haralicks „facet model". Es sei darauf hingewiesen, daß hier keine „Kachelung" des Bildes vorliegt. Für *jedes* Pixel muß eine Interpretation der umgebenden „facet" erfolgen.

Ein entscheidender Punkt ist die Bestimmung der Polynomkoeffizienten k_i. Diese soll im folgenden am Beispiel einer eindimensionalen, diskreten, quadratischen Interpolation näher untersucht werden

$$
p(x) = k_1 + k_2 x + k_3 x^2.
\tag{B.3}
$$

Hat man drei sog. Stützstellen x_0, x_1, x_2 mit den entsprechenden „Meßwerten" $f(x_0)$, $f(x_1)$, $f(x_2)$, so kann man folgendes Gleichungssystem aufstellen

$$k_1 + k_2 x_0 + k_3 x_0^2 = f_0$$
$$k_1 + k_2 x_1 + k_3 x_1^2 = f_1$$
$$k_1 + k_2 x_2 + k_3 x_2^2 = f_2,$$

wobei zur Erleichterung der Schreibarbeit $f(x_0) = f_0$ gesetzt wird. Die Lösung des Gleichungssystems ergibt

$$k_3 = \frac{(f_0 - f_1)(x_0 - x_2) \; - \; (f_0 - f_2)(x_0 - x_1)}{(x_0^2 - x_1^2)(x_0 - x_2) \; - \; (x_0^2 - x_2^2)(x_0 - x_1)}$$

$$k_2 = \frac{f_0 \; - \; f_1 \; - \; k_3(x_0^2 - x_1^2)}{x_0 - x_1} \tag{B.4}$$

$$k_1 = f_0 \; - \; k_2 x_0 \; - \; k_3 x_0^2$$

Bild B.1 zeigt ein Beispiel mit fünf Meßwerten:

x	1	2	3	4	5
$f(x)$	1	3	5	9	10

Es könnte sich z.B. um das Schnittbild einer Grauwertkante handeln. Mit den Stützstellen

$$\begin{aligned}
x_0 &= 1 & f_0 &= 1 \\
x_1 &= 3 & f_1 &= 5 \\
x_2 &= 5 & f_2 &= 10
\end{aligned}$$

erhält man folgende Polynomkoeffizienten

$$k_1 = -5/8, \qquad k_2 = 3/2, \qquad k_3 = 1/8,$$

also

$$p(x) \; = \; -5/8 \; + \; (3/2)x \; + \; (1/8)x^2$$

und

x	1	2	3	4	5
$f(x)$	1	2,9	5	7,4	10

Wäre x stetig, so erhielte man die in Bild B.1 angedeuteten Kurven $f^*(x)$ und $p^*(x)$. Deutlich wird der relativ große Fehler bei $x = 4$. Dieser Fehler hätte durch stückweise Interpolation vermieden werden können. In diesem Fall wären folgende Stützstellen zweckmäßig:

$$
\begin{aligned}
x_0 &= 1 \quad f_0 = 1 \\
x_1 &= 2 \quad f_1 = 3 \qquad \text{und} \\
x_2 &= 3 \quad f_2 = 5
\end{aligned}
\qquad
\begin{aligned}
x_0 &= 3 \quad f_0 = 5 \\
x_1 &= 4 \quad f_1 = 9 \\
x_2 &= 5 \quad f_2 = 10
\end{aligned}
$$

Für die Anwendung auf Bilder gilt es, die k_1 bis k_{10} in (B.2) zu bestimmen. Das oben vorgestellte Vorgehen wäre allerdings zu aufwendig. Haralick verwendet daher 10 Masken zur Ermittlung der Koeffizienten. Die Erstellung dieser Masken soll im folgenden anhand des obigen Beispiels gezeigt werden. Wählt man die Stützstellen (im Bild also Zeilen- und Spaltenindizes) symmetrisch um Null und hält man ihre Beträge konstant, so vereinfacht sich (B.4) erheblich. Die Indizierung

$$
\begin{aligned}
x_0 &= -1 \\
x_1 &= 0 \\
x_2 &= 1
\end{aligned}
$$

ergibt dann

$$
\begin{aligned}
k_3 &= (1/2)\,(f_0 - 2f_1 + f_2) \\
k_2 &= (1/2)\,(f_2 - f_0) \\
k_1 &= f_1.
\end{aligned}
\tag{B.5}
$$

Somit erhält man folgende Masken:

k_3 :

1/2	−1	1/2

k_2 :

−1/2	0	1/2

k_1 :

0	1	0

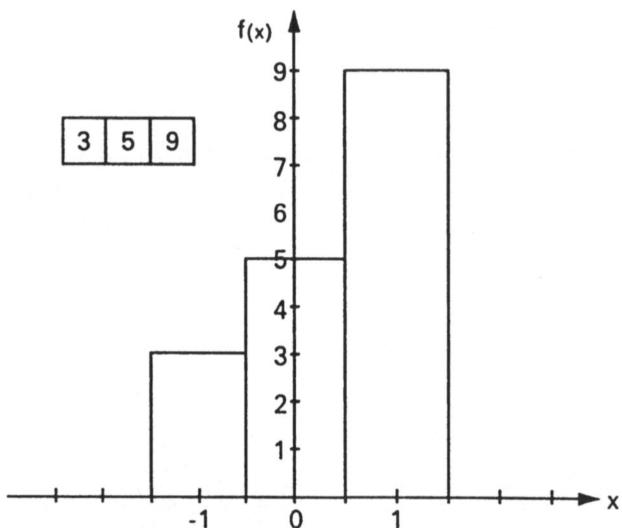

Bild B.2. Anwendung eines zentrierten Koordinatensystems

Die Zentrierung bedeutet die in Bild B.2 gezeigte Modifikation des Koordinatensystems aus Bild B.1. Das „Fenster" auf dem operiert wird ist dann:

3	5	9

Die Faltung mit den Koeffizientenmasken ergibt

$$k_1 = 5, \qquad k_2 = 3, \qquad k_3 = 1,$$

also

$$p(x) = 5 + 3x + x^2.$$

Orthogonale Polynome [B.1]

Sei $\{g_0(x), g_1(x), \ldots\}$ eine endliche Menge (auch: ein System) von Funktionen. Wenn

$$\int_a^b g_m(x)\, g_n(x)\, dx = \begin{cases} 0 & \text{wenn } m \neq n \\ h_n^2 \neq 0 & \text{wenn } m = n \end{cases} \tag{B.6}$$

dann handelt es sich um ein System orthogonaler Funktionen im Intervall $[a, b]$. Eine Anschauung liefert die Deutung der $g_i(x)$ als Vektoren. Diese stehen sämtlich senkrecht (orthogonal) zueinander. h_n bezeichnet man als *Norm* der Funktion $g_n(x)$, wobei

$$h_n^2 = \int_a^b g_n^2(x)dx \tag{B.7}$$

ist. Ein bekanntes System orthogonaler Funktionen ist $\{1, \cos(x), \cos(2x), \ldots, \sin(x), sin(2x), \ldots\}$ mit $a = 0$ und $b = 2\pi$. Abgesehen von der Konstanten 1 ist die Norm dieser Funktionen $\sqrt{\pi}$.

Mit Hilfe der $g_i(x)$ kann man folgende Interpolation durchführen

$$f(x) = k_0 + k_1 g_1(x) + k_2 g_2(x) + \ldots \quad . \tag{B.8}$$

Auf die Bestimmung der $g_i(x)$ wird später eingegangen. Vorerst stellt sich die Frage nach der Bestimmung der Koeffizienten k_i, wobei $g_0(x) = 1$ angenommen wird. Multiplikation beider Seiten von (B.8) mit. $g_n(x)$ und Integration über $[a, b]$ ergibt

$$\int_a^b f(x)g_n(x)dx = k_0 \int_a^b g_n(x)dx + k_1 \int_a^b g_1(x)g_n(x)dx \ldots \quad .$$

Wegen (B.6) verschwinden sämtliche Integrale der rechten Seite außer

$$\int_a^b f(x)g_n(x)\,dx = \int_a^b g_n(x)g_n(x)\,dx = k_n h_n^2.$$

Damit ergibt sich

$$k_n = (1/h_n^2) \int_a^b f(x)g_n(x)\,dx. \tag{B.9}$$

Hier zeigt sich der erste Vorteil der Orthogonalität, nämlich die vergleichsweise einfache Bestimmung der Interpolationskoeffizienten.

Für die weitere Anwendung muß noch eine Wichtungsfunktion $w(x)$ eingeführt werden. Ihre Aufgabe wird später erklärt. (B.6) und (B.9) werden dann

Tabelle B.1. Realisierung der Funktion $f(x) = \sqrt{1-x^2}$ mit Hilfe von Tschebyscheff-Polynomen (s.a. Bild B.4).

x	$\sqrt{1-x^2}$	$k_0 T_0(x)$	$k_2 T_2(x)$	$k_4 T_4(x)$	$P_2(x)$	$P_4(x)$
0	1	0.64	0.42	-0.08	1.06	0.98
0.25	0.97	0.64	0.37	-0.05	1.01	0.96
0.5	0.87	0.64	0.21	0.04	0.85	0.89
0.75	0.66	0.64	-0.05	0.08	0.58	0.67
0.9	0.44	0.64	-0.26	0.02	0.37	0.39
0.95	0.31	0.64	-0.34	-0.03	0.29	0.27
0.99	0.14	0.64	-0.41	-0.07	0.23	0.16
1	0	0.64	-0.42	-0.08	0.21	0.13

$$\int_a^b w(x)\, g_m(x)\, g_n(x)\, dx \stackrel{!}{=} \begin{cases} 0 & \text{wenn } m \neq n \\ h_n^2 \neq 0 & \text{wenn } m = n \end{cases} \tag{B.10}$$

$$k_n = (1/h_n^2) \int_a^b w(x) f(x) g_n(x)\, dx. \tag{B.11}$$

Diese Gleichung ist der Ausgangspunkt für eine nähere Untersuchung der $g_i(x)$. Man kann sie natürlich auf die eigenen Bedürfnisse zuschneiden, sofern (B.10) nicht verletzt ist. Allerdings existieren diverse „klassische" Polynome. Besonders günstig für Interpolationsaufgaben sind die Tschebyscheff-Polynome (vgl. [B.1] Abschnitt 4.4 „Chebyshev Minimization"). Diese Polynome sind charakterisiert durch

$$w(x) = \frac{1}{\sqrt{1-x^2}}$$

$$h_n^2 = \begin{cases} \pi & \text{wenn } n = 0 \\ \pi/2 & \text{wenn } n \neq 0 \end{cases}$$

und $a = -1$, $b = 1$. Die Interpolationskoeffizienten errechnen sich dann wie folgt

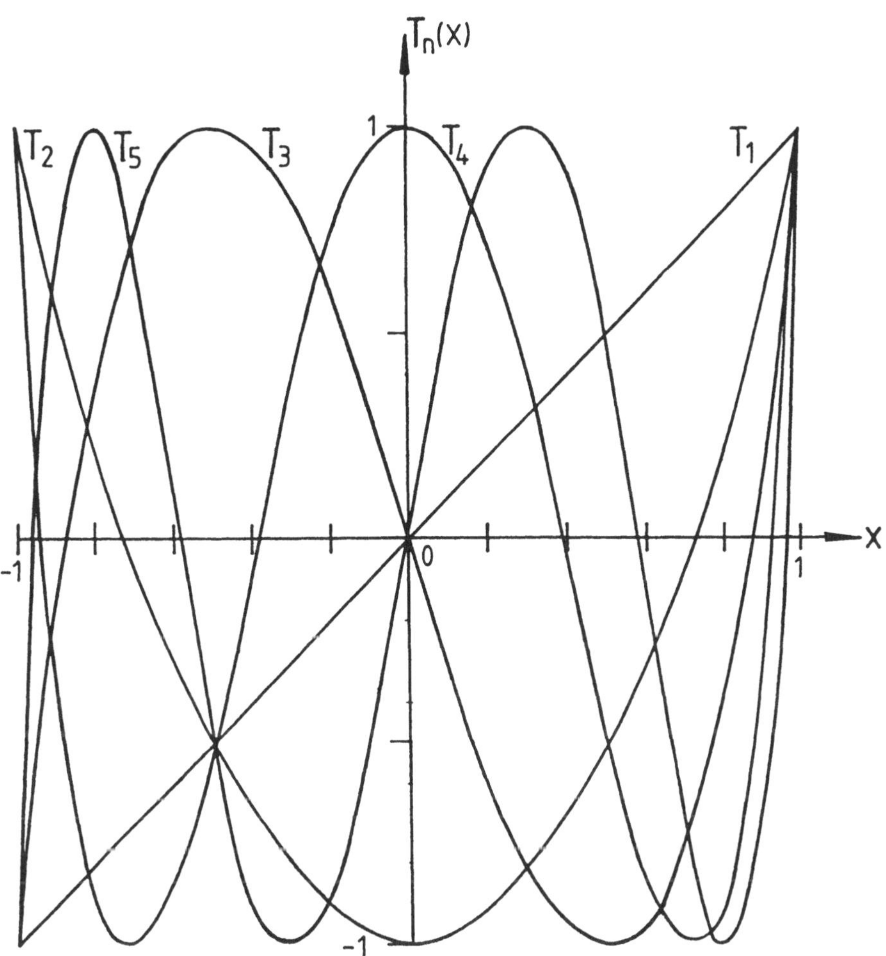

Bild B.3. Tschebyscheff-Polynome $T_1(x)$ bis $T_5(x)$, [B.1]

$$k_n = (1/h_n^2) \int_{-1}^{1} \frac{f(x)}{\sqrt{1 - x^2}} T_n(x)\, dx. \qquad\qquad (B.12)$$

Die ersten fünf Tschebyscheff-Polynome sind

$$T_0(x) = 1$$
$$T_1(x) = x$$
$$T_2(x) = 2x^2 - 1$$
$$T_3(x) = 4x^3 - 3x$$
$$T_4(x) = 8x^4 - 8x^2 - 1.$$

Bild B.3 vermittelt einen grafischen Eindruck. Auffällig ist die Ähnlichkeit mit Lissajou-Figuren, die durch orthogonal projizierte Sinusschwingungen unterschiedlicher Frequenz erzeugt werden. Dieses verwundert allerdings nicht, da in der Wichtungsfunktion die Kreisgleichung ($\sqrt{1 - x^2}$) enthalten ist.

Im nun folgenden Beispiel soll

$$f(x) = \sqrt{1 - x^2}$$

durch die ersten vier Tschebyscheff-Polynome angenähert werden. Der Grund für die Wahl der Kreisgleichung als Beispiel liegt in der Erleichterung der Rechenarbeit. Mit (B.11) erhält man die Koeffizienten

$$k_0 = (1/\pi) \int_{-1}^{1} T_0(x)\, dx = 2/\pi$$

$$k_1 = (2/\pi) \int_{-1}^{1} T_1(x)\, dx = 0$$

$$k_2 = (2/\pi) \int_{-1}^{1} T_2(x)\, dx = -4/3\pi$$

$$k_3 = (2/\pi) \int_{-1}^{1} T_3(x)\, dx = 0$$

$$k_4 = (2/\pi) \int_{-1}^{1} T_4(x)\, dx = -4/15\pi.$$

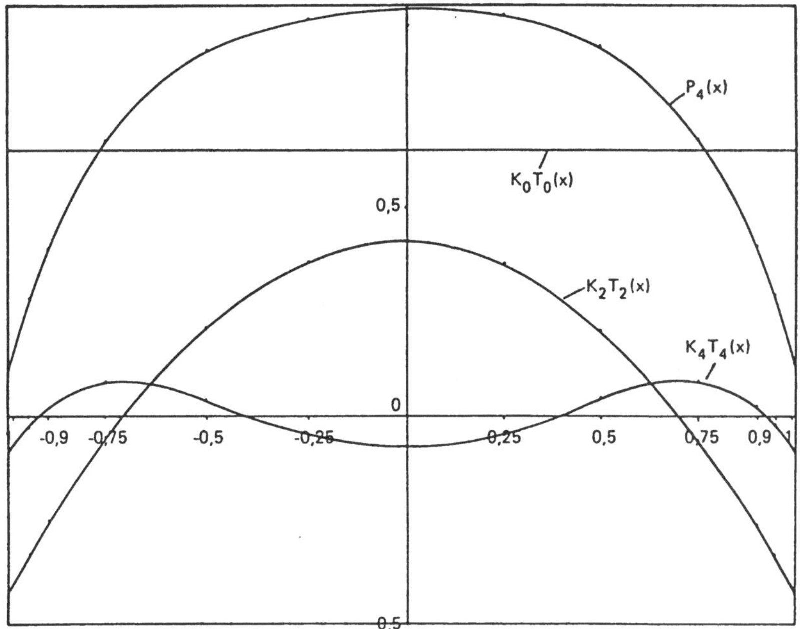

Bild B.4. Ergänzung zu Tabelle B.1

Nutzt man lediglich die ersten drei Tschebyscheff-Polynome, so erhält man

$$p_2(x) = k_0 T_0(x) + k_1 T_1(x) + k_2 T_2(x)$$

$$p_2(x) = (2/3\pi)(5 - 4x^2).$$

Möchte man die Exaktheit der Annäherung steigern, so ist es ausreichend, eine gewisse Anzahl von Polynomen hinzuzuaddieren, z.B.

$$p_4(x) = p_2(x) + k_3 T_3(x) + k_4 T_4(x)$$

$$p_4(x) = (2/15\pi)(23 - 4x^2 - 16x^4).$$

Die Möglichkeit des einfachen Aufaddierens zur Verkleinerung des Näherungsfehlers ist der zweite Vorteil der Orthogonalität. Handelte es sich um nichtorthogonale Polynome, so müßten die k_i nach jeder Polynomerweiterung neu bestimmt werden (vgl. [B.1] Abschnitt 4.3 „The Minimum-Error Property of Orthogonal Expansions"). Tabelle B.1 und Bild B.4 zeigen die Ergebnisse im Überblick.

Haralicks orthogonale Polynome

Die von Haralick [B.2] verwendeten Polynome basieren auf denen von Tschebyscheff. Letztere sind allerdings über dem Intervall $[-1, 1]$ (stetig) definiert. Haralick entwickelte daher seine eigenen Polynome im Hinblick auf die Indizierung von Operatormasken. Die Beschreibung dieser Entwicklung im Anhang zu [B.2] ist sehr kurz und enthält Druckfehler. Daher folgt an dieser Stelle eine ausführliche Darstellung.

Zur Vereinfachung beschränken wir uns vorerst auf den eindimensionalen Fall. Sei R eine Menge symmetrischer Indizes, wie sie bereits in Abschnitt 3.7 vorgestellt wurden (Beispiel: $\{-2, -1, 0, 1, 2\}$). Sei ferner

$$P_n(r) = r^n + a_{n-1}r^{n-1} + \ldots + a_1 r + a_0$$

ein Polynom n-ten Grades mit $r \in R$ und $P_0(r) := 1$. Die Polynome $P_0(r)$ bis $P_{n-1}(r)$ seien bereits errechnet. Dann bekommt man das nächste Polynom $P_n(r)$ über die Orthogonalitätsbedingung

$$\sum_{r \in R} P_k(r)P_n(r) \overset{!}{=} 0, \qquad k = 0, 1, \ldots, n - 1.$$

Mit dieser Entwicklungsvorschrift sollen nun die Polynome $P_0(r)$ bis $P_4(r)$ ermittelt werden. Zur Abkürzung schreiben wir

$$\sum_{r \in R} = \Sigma.$$

Ermittlung von $P_1(r)$:

$$\Sigma P_0(r)P_1(r) = \Sigma(r + a_0) = 0.$$

Aufgrund der Indizierung ist $\Sigma r = 0$. Daher muß $a_0 = 0$ sein. Somit ist

$$P_1(r) = r.$$

Ermittlung von $P_2(r)$:

$$
\begin{aligned}
&\text{I:} && \Sigma P_0(r)P_2(r) &&= \Sigma(r^2 + a_1 r + a_0) = 0 \\
&\text{II:} && \Sigma P_1(r)P_2(r) &&= \Sigma(r^3 + a_1 r^2 + a_0 r) = 0 \\
&\text{I':} && a_1 \Sigma r + a_0 \Sigma 1 &&= -\Sigma r^2 \\
&\text{II':} && a_1 \Sigma r^2 + a_0 \Sigma r &&= -\Sigma r^3.
\end{aligned}
$$

Aufgrund der Indizierung ist $\Sigma r = \Sigma r^3 = 0$. Daher muß $a_0 = -\Sigma r^2/\Sigma 1$ und $a_1 = 0$ sein. Somit ist

$$P_2(r) = r^2 - \Sigma r^2/\Sigma 1.$$

Ermittlung von $P_3(r)$:

Mit $P_2(r) = r^2 - A$ erhält man

$$
\begin{aligned}
&\text{I:} && \Sigma P_0(r)P_3(r) &&= \Sigma(r^3 + a_2 r^2 + a_1 r + a_0) = 0 \\
&\text{II:} && \Sigma P_1(r)P_3(r) &&= \Sigma(r^4 + a_2 r^3 + a_1 r^2 + a_0 r) = 0 \\
&\text{III:} && \Sigma P_2(r)P_3(r) &&= \Sigma(r^5 + a_2 r^4 + a_1 r^3 + a_0 r^2 - \\
&&&&& \quad - Ar^3 - Aa_2 r^2 - Aa_1 r - Aa_0) = 0.
\end{aligned}
$$

Mit $\Sigma r = \Sigma r^3 = \Sigma r^5 = 0$ vereinfachen sich I bis III zu

$$
\begin{aligned}
&\text{I':} && a_2 \Sigma r^2 && + && 0 && + && a_0 \Sigma 1 && = 0 \\
&\text{II':} && 0 && + && a_1 \Sigma r^2 && + && 0 && = -\Sigma r^4 \\
&\text{III':} && a_2 \Sigma(r^4 - Ar^2) && + && 0 && + && a_0 \Sigma r^2 A && = 0.
\end{aligned}
$$

Daraus erhält man sofort $a_0 = a_2 = 0$ sowie $a_1 = -\Sigma r^4/\Sigma r^2$ und damit

$$P_3(r) = r^3 - (\Sigma r^4/\Sigma r^2)r.$$

Ermittlung von $P_4(r)$:

Mit $P_2(r) = r^2 - A$, $P_3(r) = r^3 - Br$ und durch Fortlassen der Summenterme mit ungeraden Exponenten ($\Sigma r = \Sigma r^3 = \Sigma r^5 = \Sigma r^7 = 0$) erhält man

$$
\begin{aligned}
&\text{I:} && \Sigma P_0(r)P_4(r) = \Sigma(r^4 + a_2 r^2 + a_0) = 0 \\
&\text{II:} && \Sigma P_1(r)P_4(r) = \Sigma(a_3 r^4 + a_1 r^2) = 0 \\
&\text{III:} && \Sigma P_2(r)P_4(r) = \Sigma(r^6 + a_2 r^4 + a_0 r^2 - Ar^4 - Aa_2 r^2 - Aa_0) = 0 \\
&\text{IV:} && \Sigma P_3(r)P_4(r) = \Sigma(a_3 r^6 + a_1 r^4 - Ba_3 r^4 - Ba_1 r^2) = 0.
\end{aligned}
$$

Daraus ergibt sich das Gleichungssystem

$$
\begin{aligned}
\text{I':} \quad & & 0 \quad &+ \quad a_2\Sigma r^2 & & \\
& + \quad & 0 \quad &+ \quad a_0\Sigma 1 \quad &= \quad & -\Sigma r^4 \\
\text{II':} \quad & a_3\Sigma r^4 \quad &+ \quad & 0 & & \\
& + \quad a_1\Sigma r^2 \quad &+ \quad & 0 \quad &= \quad & 0 \\
\text{III':} \quad & & 0 \quad &+ \quad a_2\Sigma(r^4 - Ar^2) & & \\
& + \quad & 0 \quad &+ \quad a_0\Sigma(r^2 - A) \quad &= \quad & \Sigma(Ar^4 - r^6) \\
\text{IV':} \quad & a_3\Sigma(r^6 - Br^4) \quad &+ \quad & 0 & & \\
& + \quad a_1\Sigma(r^4 - Br^2) \quad &+ \quad & 0 \quad &= \quad & 0.
\end{aligned}
$$

Aus II' und IV' erhält man sofort $a_1 = a_3 = 0$. Damit erhalten wir das neue System

$$
\begin{aligned}
\text{I:} \quad & a_2\Sigma(r^4 - Ar^2) + a_0\Sigma(r^2 - A) = \Sigma(Ar^4 - r^6) \\
\text{II:} \quad & a_2\Sigma r^2 \quad + \quad a_0\Sigma 1 \quad = \quad -\Sigma r^4,
\end{aligned}
$$

dessen Determinanten

$$
D = \Sigma 1 \cdot \Sigma(r^4 - Ar^2) \; - \; \Sigma r^2 \cdot \Sigma(r^2 - A)
$$

$$
D1 = \Sigma 1 \cdot \Sigma(Ar^4 - r^6) \; + \; \Sigma r^4 \cdot \Sigma(r^2 - A)
$$

$$
D2 = -\Sigma r^4 \cdot \Sigma(r^4 - Ar^2) \; - \; \Sigma r^2 \cdot \Sigma(Ar^4 - r^6)
$$

sind. Mit $a_0 = D_2/D$ und $a_2 = D_1/D$ ergibt sich

$$
a_0 = \frac{\Sigma r^2 \cdot \Sigma r^6 - (\Sigma r^4)^2}{\Sigma 1 \cdot \Sigma r^4 - (\Sigma r^2)^2}
$$

$$
a_2 = \frac{\Sigma r^2 \cdot \Sigma r^4 - \Sigma 1 \cdot \Sigma r^6}{\Sigma 1 \cdot \Sigma r^4 - (\Sigma r^2)^2}
$$

und damit

$$
P_4(r) = r^4 + \frac{(\Sigma r^2 \cdot \Sigma r^4 - \Sigma 1 \cdot \Sigma r^6)r^2 + (\Sigma r^2 \cdot \Sigma r^6 - (\Sigma r^4)^2)}{\Sigma 1 \cdot \Sigma r^4 - (\Sigma r^2)^2}.
$$

Unter Verwendung von

$$\mu_k = \sum_{r \in R} r^k$$

fassen wir zusammen (vgl. [B.2]):

$$P_0(r) = 1$$

$$P_1(r) = r$$

$$P_2(r) = r^2 - \mu_2/\mu_0$$

$$P_3(r) = r^3 - (\mu_4/\mu_2)r$$

$$P_4(r) = r^4 + \frac{(\mu_2\mu_4 - \mu_0\mu_6)r^2 + (\mu_2\mu_6 - \mu_4^2)}{\mu_0\mu_4 - \mu_2^2}.$$

Beispiel (eindimensional):

Gegeben seien die Zeilenmasken
$$R = \{-1, 0, 1\} \quad \text{und} \quad R = \{-2, -1, 0, 1, 2\}.$$

Mit ihnen ergeben sich die Parameter
$\mu_0 = 3,\ \mu_2 = 2$ $\qquad\qquad \mu_0 = 5,\ \mu_2 = 10,\ \mu_4 = 34,\ \mu_6 = 130$

und die Polynome
$P_0(r) = 1$ $\qquad\qquad P_0(r) = 1$
$P_1(r) = r$ $\qquad\qquad P_1(r) = r$
$P_2(r) = r^2 - 2/3$ $\qquad\qquad P_2(r) = r^2 - 2$
$\qquad\qquad\qquad\qquad\qquad P_3(r) = r^3 - (17/5)r$
$\qquad\qquad\qquad\qquad\qquad P_4(r) = r^4 - (31/7)r^2 - 72/35.$

Beispiel (zweidimensional):

Gegeben seien die Zeilenmatrix R und die Spaltenmatrix C

$$R = \{-1, 0, 1\} \qquad C = \{-1, 0, 1\}.$$

Für Zeilen- und Spaltenrichtung ergeben sich dann die Polynome

$$
\begin{aligned}
P_0(r) &= 1 & P_0(c) &= 1 \\
P_1(r) &= r & P_1(c) &= c \\
P_2(r) &= r^2 - 2/3 \qquad & P_2(c) &= c^2 - 2/3,
\end{aligned}
$$

mit deren Hilfe man die zweidimensionalen Polynome

$$
\begin{aligned}
P_0(r,c) &= 1 & P_3(r,c) &= r^2 - 2/3 & P_6(r,c) &= r(c^2 - 2/3) \\
P_1(r,c) &= r & P_4(r,c) &= c^2 - 2/3 & P_7(r,c) &= c(r^2 - 2/3) \\
P_2(r,c) &= c & P_5(r,c) &= rc & P_8(r,c) &= (r^2 - 2/3)(c^2 - 2/3)
\end{aligned}
$$

erhält (vgl. [B.2]).

Interpolation mit den Haralick-Polynomen

Ausgehend von (B.8) ist die eindimensionale Interpolation durch

$$f(r) = \sum_{n=0}^{N-1} k_n P_n(r)$$

beschrieben. $f(r)$ (in unserem Fall die Grauwerte der Pixel r) soll durch eine Polynomreihe dargestellt werden. Die Koeffizienten ermittelt Haralick mit

$$k_m = \sum_{r \in R} \frac{P_m(r)}{\sum\limits_{s \in R} P_m^2(s)} f(r). \qquad (B.13)$$

Der Term

$$\sum_{s \in R} P_m^2(s)$$

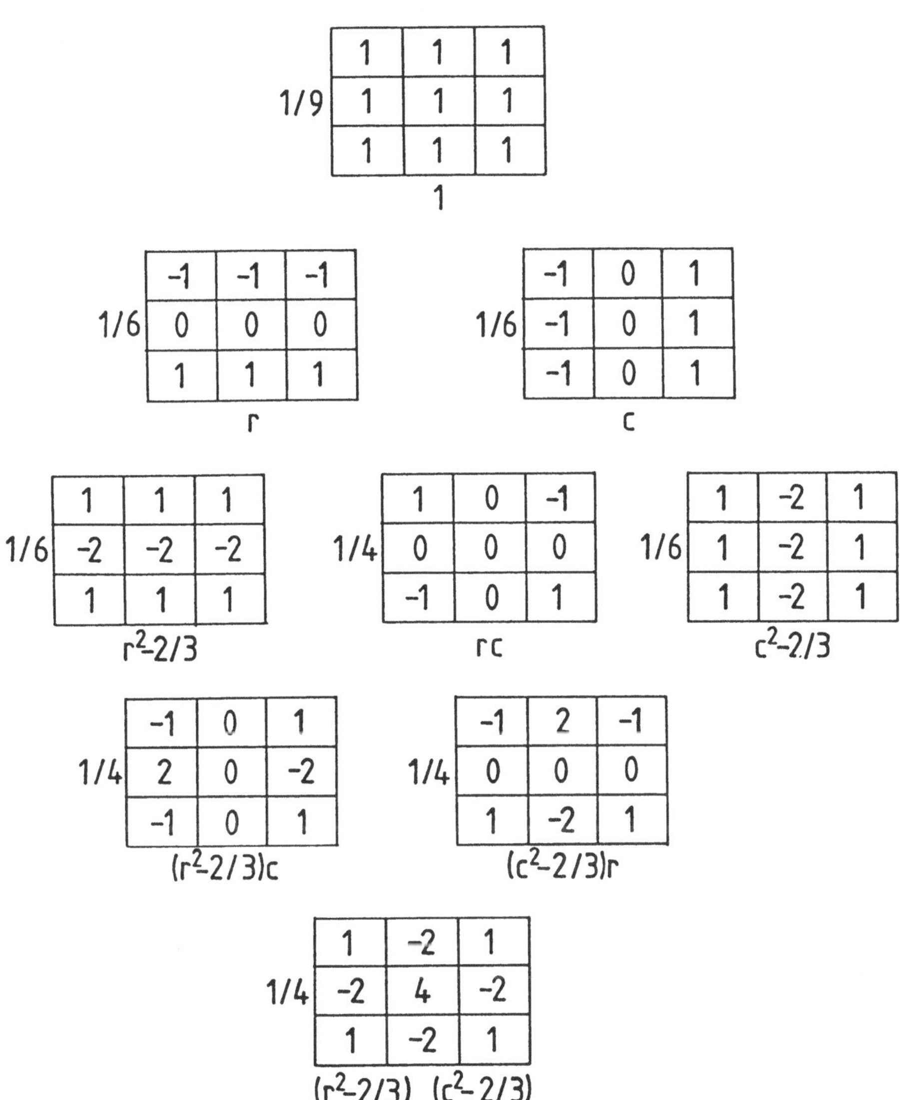

Bild B.5. Masken zur Generierung der Polynom-Koeffizienten (korrigierte Version aus [B.2])

ist die Norm des Polynoms $P_m(s)$ (vgl. (B.6)).

Die k_i können, wie bereits oben gezeigt, mit Hilfe von Masken direkt aus dem Bild ermittelt werden. Bild B.5 zeigt die von Haralick angegebenen Masken für den Fall eines 3x3 Fensters. Diese wurden hier noch einmal dargestellt, da das Original [B.2], wie an diversen anderen Stellen, auch hier Druckfehler aufweist. Die Konstruktion der Masken sei im folgenden beschrieben.

Die Masken realisieren den Term

$$\frac{P_m(r)}{\sum\limits_{s \in R} P_m^2(s)}$$

aus (B.13). Erweitert um die zweite Dimension erhält man

$$M_m(r,c) = \frac{P_m(r,c)}{\sum\limits_{s \in R} \sum\limits_{t \in C} P_m^2(s,t)}.$$

Mit der Abkürzung

$$\Sigma\Sigma = \sum\limits_{s \in R} \sum\limits_{t \in C}$$

ergeben sich die neun Masken M_0 bis M_8

$$M_0(r,c) = 1/9$$

$$M_1(r,c) = \frac{r}{\Sigma\Sigma s^2} = r/6$$

$$M_2(r,c) = \frac{c}{\Sigma\Sigma t^2} = c/6$$

$$M_3(r,c) = \frac{r^2 - 2/3}{\Sigma\Sigma(s^2 - 2/3)^2} = (1/2)r^2 - 1/3$$

$$M_4(r,c) = \frac{rc}{\Sigma\Sigma(st)^2} = (1/4)rc$$

$$M_5(r,c) = \frac{c^2 - 2/3}{\Sigma\Sigma(t^2 - 2/3)^2} = (1/2)c^2 - 1/3$$

$$M_6(r,c) = \frac{r(c^2 - 2/3)}{\Sigma\Sigma s^2(t^2 - 2/3)^2} = (3r/4)(c^2 - 2/3)$$

$$M_7(r,c) = \frac{c(r^2 - 2/3)}{\Sigma\Sigma t^2(s^2 - 2/3)^2} = (3c/4)(r^2 - 2/3)$$

$$M_8(r,c) = \frac{(r^2 - 2/3)(c^2 - 2/3)}{\Sigma\Sigma(s^2 - 2/3)^2(t^2 - 2/3)^2} = (9/4)(r^2 - 2/3)(c^2 - 2/3).$$

Mit $R = \{-1, 0, 1\}$ und $C = \{-1, 0, 1\}$ erhält man die in Bild B.5 gezeigten Masken.

Literatur zu Anhang B

[B.1] Beckmann, P.: Orthogonal polynomials for engineers and physicists. Boulder, CO: The Golem Press 1973

[B.2] Haralick, R.M.: Digital step edges from zero crossing of second directional derivatives. IEEE Trans. PAMI-6 (1984) 58-68

C Heuristische Suche

Basis für Suchalgorithmen sind im allgemeinen Graphen. Da deren Notation nicht einheitlich ist, erläutern wir zu Beginn unsere (speziell im Hinblick auf die Graphsuche) gewählte Notation. Bild C.1 zeigt einen *gerichteten* Graph, bestehend aus *Knoten* n_k, $k \in K = \{1,2,3,4,5,6,7,8\}$ und *Bögen*, die von einem Knoten n_i zu einem anderen n_j zeigen ($i,j \in K$). Man nennt n_j einen *Nachfolger* von n_i und n_i einen *Ursprung* von n_j.

Ein *Baum* ist ein spezieller Graph, in dem jeder Knoten *höchstens* einen Ursprung besitzt. Ein Knoten ohne Ursprung heißt *Wurzelknoten*, ein Knoten ohne Nachfolger *Endknoten*. Der Wurzelknoten hat die *Tiefe* Null, jeder andere hat die Tiefe seines Ursprungs plus Eins.

Eine Sequenz von Knoten $(n_1, n_2, \ldots, n_k)$, wobei jeder Knoten n_i ein Nachfolger des Knoten n_{i-1} ist (mit $i = 2, \ldots, k$), heißt *Pfad* der *Länge k* von Knoten n_1 zum Knoten n_k. In Bild C.1 führt z.B. ein Pfad der Länge drei über die Knoten (n_5, n_7, n_8).

Wenn ein Pfad von Knoten n_i zu Knoten n_j existiert (wobei n_j nicht unbedingt Nachfolger von n_i sein muß!), dann ist n_j von n_i aus *zugreifbar*. Dann ist n_j ein *Nachkomme* von n_i und n_i ein *Vorfahre* von n_j. Bilden z.B. in Bild C.1 (n_1, n_5, n_6, n_8) einen Pfad, so sind n_1, n_5, n_6 Vorfahren von n_8.

Die *Kosten* eines Bogens vom Knoten n_i zum Knoten n_j seien $c(n_i, n_j)$. Eine typische Anwendung des Kostenbegriffs ist die Suche nach dem kostengünstigsten Pfad von einem *Startknoten s* zu einem *Zielknoten t*.

Ein Graph kann *explizit* oder *implizit* spezifiziert sein. Im ersten Fall sind Knoten und Bögen in Form einer Tabelle (o.ä.) gegeben, die *jeden* Knoten, seine Nachfolger und die entsprechenden Kosten enthält. Diese Form ist für große Graphen unzweckmäßig. Daher verwendet man oftmals die implizite Form. Gegeben sind dann der Startknoten s und die *Regeln*, mit denen neue Knoten erzeugt werden. Es existiert also ein *Nachfolgeroperator*, der angewandt auf einen Knoten *sämtliche* Nachfolger (und die entsprechenden

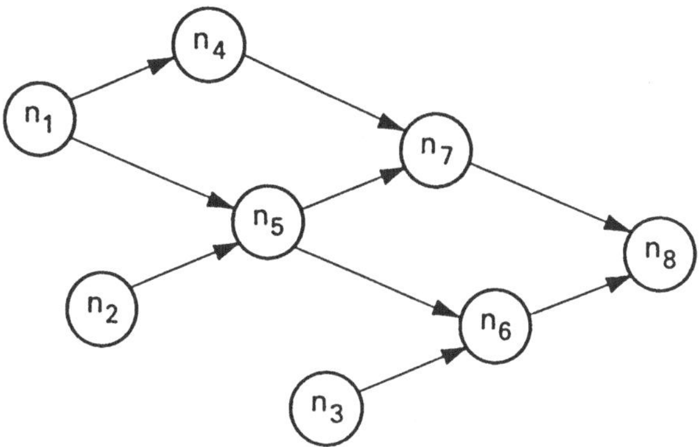

Bild C.1. Beispiel eines gerichteten Graphen

Kosten) generiert. Diese Operation heißt *Expansion* des Knotens. Eine
Suche bedeutet also die „Explizierung" eines Teils des impliziten Graphen.

Die Graphsuche wird zunächst an einem Beispiel erläutert. Bild C.2 zeigt
ein Beispiel aus dem Bereich der „blocks world" [C.1]. Ausgehend vom
dem dargestellten Startzustand sind die drei Blöcke in der ausgewiesenen
Reihenfolge zu stapeln. Die für diesen Zweck erlaubte Operation ist MOVE
X,Y. Diese stellt Block X auf Block (oder Tisch) Y. Dabei sind folgende
Bedingungen zu beachten:

(a) Über den Blöcken X und Y befindet sich kein weiterer Block.

(b) Jeder Zustand darf nur einmal vom Operator generiert werden.

Eine intuitive Problemlösung führt zu dem in Bild C.3 gezeigten Suchbaum. Ausgehend vom Startknoten *a* werden sämtliche Nachfolger generiert (b, c, d). Dieses Verfahren wird fortgesetzt, bis der Zielzustand erreicht
ist. Darauf folgt ein „backtracking", mit dem der gesamte Lösungsweg
zurückverfolgt wird. Es handelt sich bei dieser Suchform um eine „breadth
first"-Suche, d.h. sämtliche Knoten ein und derselben Tiefe werden expandiert, bevor in die nächstfolgende Tiefe „hinabgestiegen" wird, um erneut
sämtliche Knoten zu expandieren.

Die Realisierung der Suche erfolgt mit Hilfe von zwei Listen. Die OPEN-
Liste enthält die nicht expandierten Knoten, CLOSED enthält die expan-

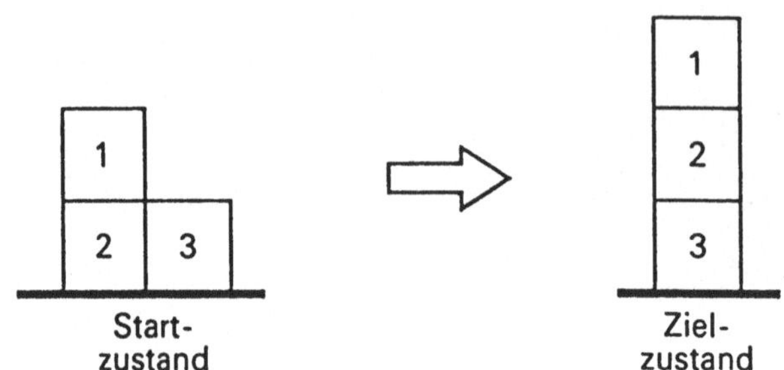

erlaubte Operation:
MOVE X,Y stellt Block X auf
             Block oder Tisch Y

Bild C.2. Beispiel aus einer „blocks world" [C.1]

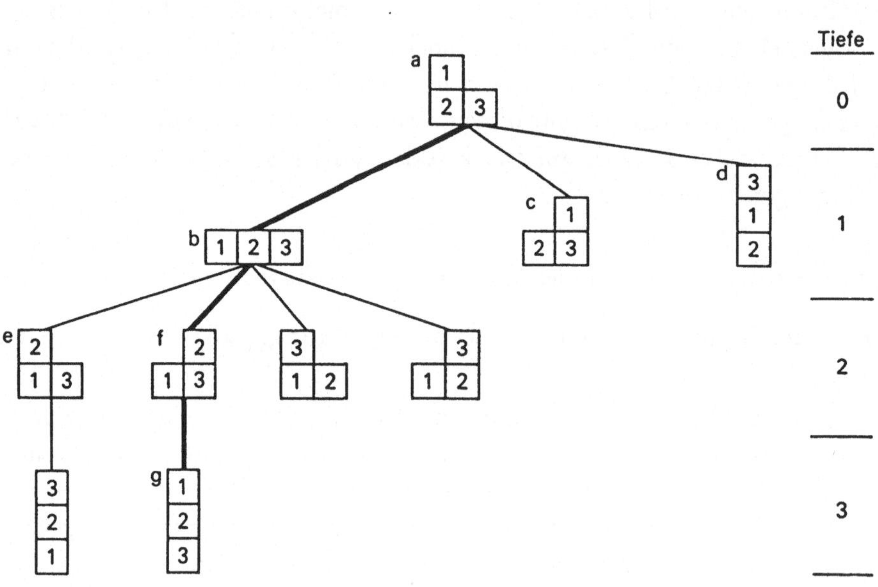

Bild C.3. Intuitiv ermittelter Suchbaum zur Lösung des Problems aus Bild C.2

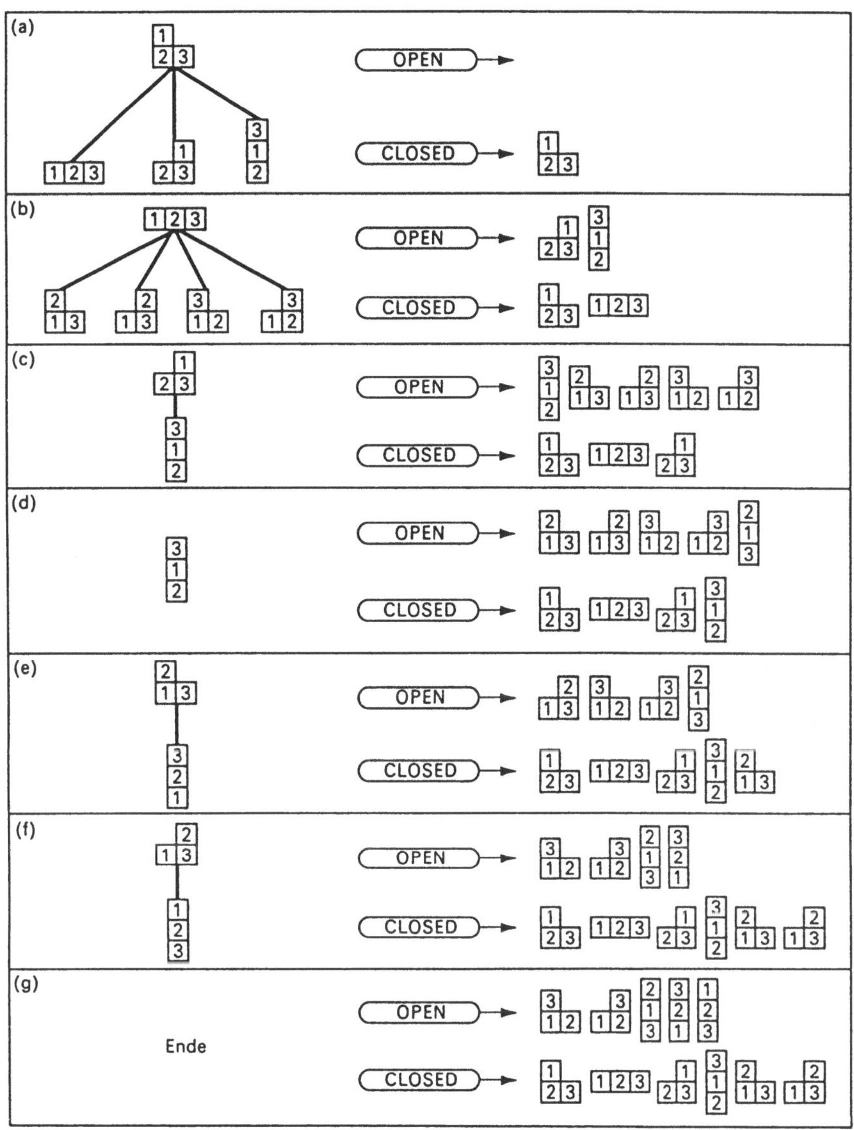

Bild C.4. Anwendung der OPEN/CLOSED-Listen für das Suchverfahren aus Bild C.3

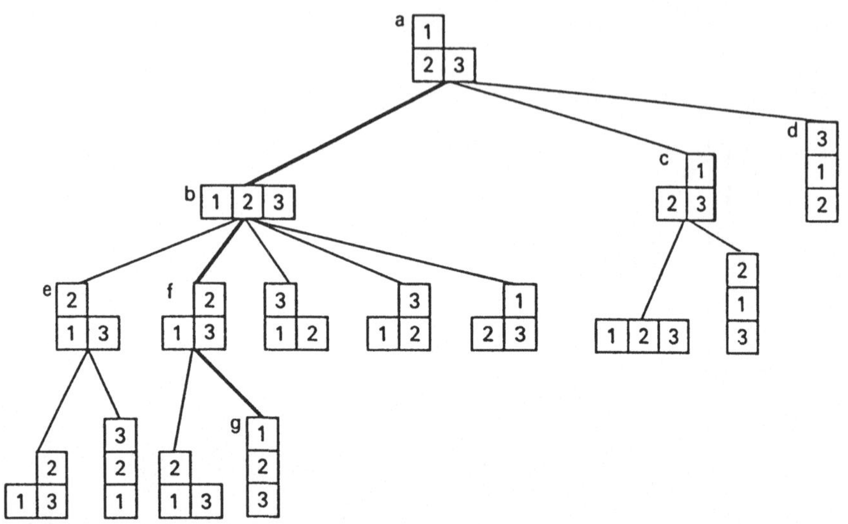

Bild C.5. Dieser Suchbaum entsteht, wenn ein Zustand (Blockkonstellation) mehrmals generiert werden darf

dierten Knoten. Bild C.4 zeigt die Vorgänge für das „blocks world"-Problem:

(a) Der Startknoten wird expandiert und in CLOSED abgelegt. Die drei
    Nachfolger werden an OPEN angelistet.

(b) Es folgt die Expansion des ersten dieser Nachfolger. Er gelangt danach
    in die CLOSED-Liste und die neuen Nachfolger erweitern OPEN.

.

.

.

(g) Der gesuchte Zielzustand wird in OPEN aufgefunden. Der Suchvor-
    gang ist erfolgreich beendet.

In den Nachfolgeoperator war die Bedingung eingebettet, daß jeder Zustand
(Blockkonstellation) nur einmal generiert werden darf. Dieses ist mit Hilfe
der OPEN/CLOSED-Liste leicht realisierbar. Diese Bedingung begrenzt
das Wachstum des Baumes. Sie ist allerdings nicht obligatorisch. Bild C.5

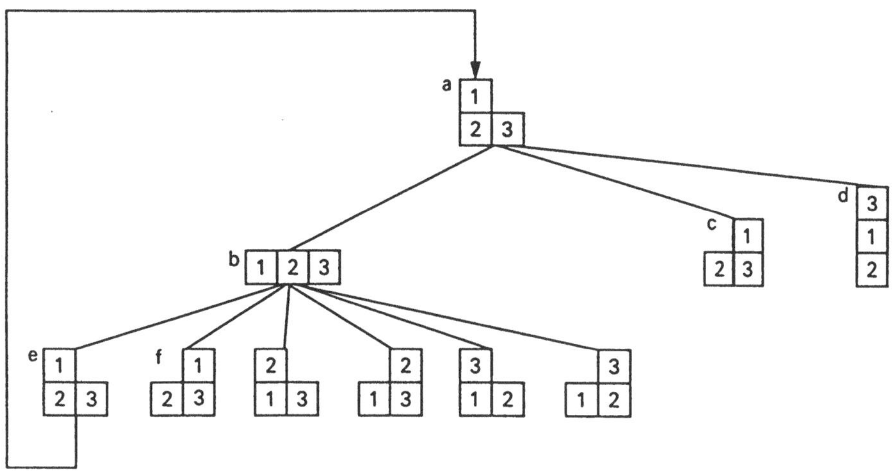

Bild C.6. Beispiel für die Entstehung einer Endlosschleife

zeigt den Baum für den Fall ihrer Nichtbeachtung. Unbedingt erforderlich
ist hingegen die Bedingung keine *Vorfahren* zu expandieren. Bild C.6 zeigt
die Folgen der Mißachtung. Die Expandierung des Knoten *b* ergibt u.a. den
Nachfolger *e*, der aber mit dem Startknoten (also einem Vorfahren) identisch
ist. Würde man nun Knoten *e* expandieren, so käme es unweigerlich zu einer
Endlosschleife.

Anhand des Beispiels formulieren wir folgenden (vorläufigen) Suchalgorithmus (breadth first):

(1) Beginne die Generierung eines Such*baums T* mit Hilfe des Startknotens
s. Generiere eine Liste der nicht expandierten Knoten OPEN und füge
als erstes Element *s* ein.

(2) Generiere eine Liste der bereits expandierten Knoten namens CLOSED.
Diese ist momentan leer, da noch keine Expansion stattfand.

(3) Wenn OPEN leer ist, dann beende fehlerhaft. Es existiert keine Lösung.

(4) Entferne den ersten Knoten aus OPEN und füge ihn an CLOSED an.
Dieser Knoten sei *n*.

(5) Wenn *n* ein Zielknoten ist, dann beende erfolgreich.

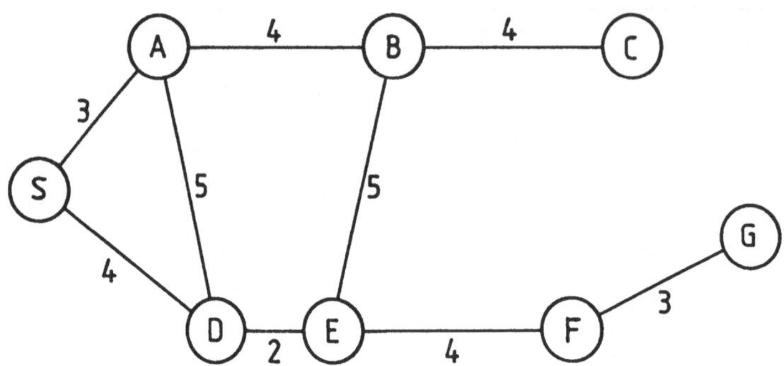

Bild C.7. Beispiel eines Graphen für die Suche des günstigsten Pfades von S nach G [C.3]

(6) Expandiere n und generiere die Menge M seiner Nachfolger, *die nicht seine Vorfahren sind.* Installiere die Elemente von M als Nachfolger von n im Baum T.

(7) Füge die Elemente von M *hinten* an die OPEN-Liste an.

(8) Keine Operation (für weiteren Ausbau vorbehalten).

(9) Gehe zu (3).

Da dieser Algorithmus im folgenden weiter ausgebaut werden soll, wurde der Schritt (8) bereits eingefügt. Die letzte „Ausbaustufe" führt zum GRAPH-SEARCH-Algorithmus [C.2], ein Algorithmus der sämtliche Graphsuchprobleme subsummiert.

Der nächste Schritt befaßt sich mit der Einbindung von Kosten. Bild C.7 zeigt einen Graph, in dem der kostengünstigste Pfad von Knoten S nach Knoten G zu suchen ist. Die Kosten eines Bogens von Knoten n_i nach Knoten n_j sind $c(n_i, n_j)$. Seien nun $g(n_i)$ die Kosten des Pfades vom Startknoten s nach irgendeinem Knoten n_i. Inspiziert man sämtliche Pfade von S nach G so erhält man den gesamten in Bild C.8 gezeigten Baum. Der billigste Pfad ist offensichtlich (S, D, E, F, G). Geschickter ist allerdings, die zu expandierenden Knoten abhängig von den Kosten $g(n_i)$ zu wählen. Dadurch spart man die in Bild C.8 gestrichelt gezeichneten Pfade, bzw. die nicht fett gezeichneten Knoten. Somit können wir Schritt (8) des Suchalgorithmus ausfüllen:

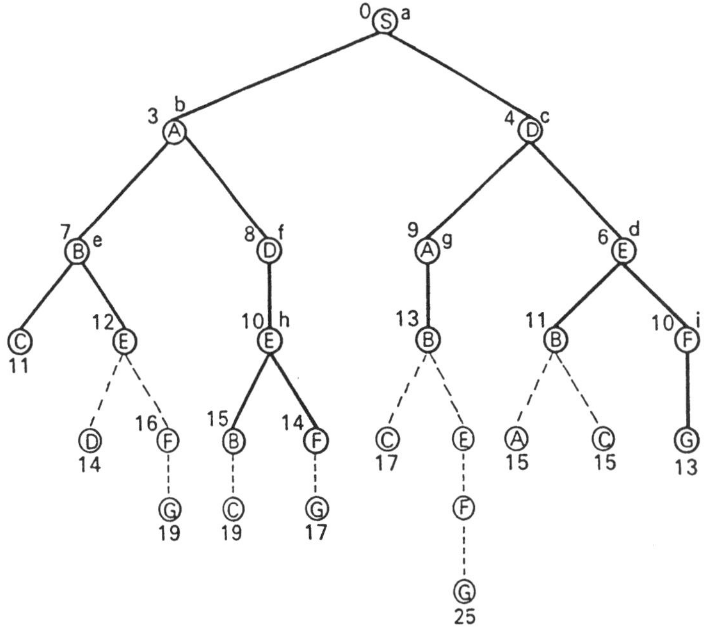

Bild C.8. Suchbaum zur Lösung der Pfadaufgabe aus Bild C.7

(8) Ordne die OPEN-Liste folgendermaßen um: Sollte sich ein Zielknoten in der OPEN-Liste befinden, so setze ihn an die erste Stelle. Andernfalls installiere dort den billigsten Knoten.

Durch diese Maßnahme erreicht man folgende Effekte:

(a) Das Erscheinen des Zielknotens führt sofort zum erfolgreichen Ende (über die Schritte (9) (3) (4) (5)).

(b) Der jeweils billigste Knoten wird zuerst expandiert.

Die Realisierung mit Hilfe der OPEN/CLOSED-Liste für obiges Beispiel zeigt Bild C.9. Es sei angemerkt, daß es sich noch nicht um eine heuristische Suche handelt, da die Entscheidung lediglich aufgrund der Kosten des „vergangenen" Pfades getroffen wird. Zur heuristischen Suche gehört außerdem die Schätzung der Kosten des „zukünftigen" Pfades.

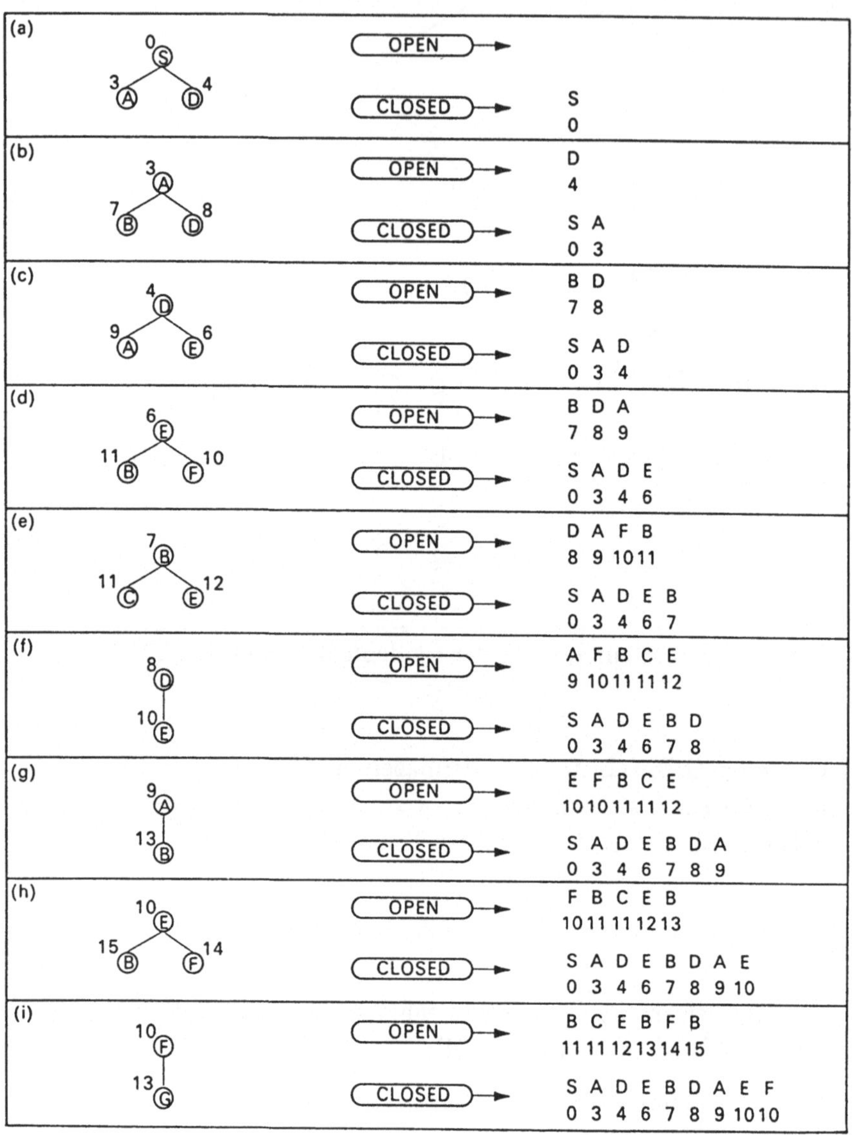

Bild C.9. Anwendung der OPEN/CLOSED-Liste für das Pfadproblem aus Bild C.8

Für eine heuristische Suche gibt es drei charakteristische Vorgehensweisen:

(a) Entscheidung über den Knoten, der als nächster expandiert werden soll („ordered search", „best-first search").

(b) Unter den expandierten Nachfolgern geschieht eine Selektion. Nur die „sinnvollen" werden übernommen (partially developed, partially expanded) .

(c) Knoten können unter bestimmten Bedingungen gelöscht werden (pruning).

Im folgenden sei Variante (a) näher untersucht. Die Entscheidung fällt mit Hilfe einer Bewertungsfunktion (evaluation function) $f(n)$, die für jeden Knoten n berechnet wird. Es handelt sich hierbei um eine Verallgemeinerung der Kostenfunktion, die wiederum zur Umordnung der OPEN-Liste dient (Schritt (8) des Suchalgorithmus). Die Bewertungsfunktion setzt sich aus zwei Bestandteilen zusammen

$$f(n) = g(n) + h(n).$$

Dabei bedeuten

- $g(n)$ die *Schätzung* der Kosten des Pfades vom Startknoten s zum aktuellen Knoten n,

- $h(n)$ die *Schätzung* der Kosten vom Knoten n zum Zielknoten t.

Ist eine exakte Berechnung der beiden Kostenfunktionen möglich, so schreibt man

$$f^*(n) = g^*(n) + h^*(n).$$

Im Fall eines Baumes ist grundsätzlich $g^*(n) = g(n)$. Aber in einem allgemeinen Graph (und darauf läuft der Suchalgorithmus hinaus) ist dieses nicht unbedingt der Fall. Träger der heuristischen Information ist die Kostenschätzung $h(n)$ des optimalen Pfades. $h(n)$ heißt daher *heuristische Funktion*. Ihre Realisierung hängt im wesentlichen vom jeweiligen Suchproblem ab.

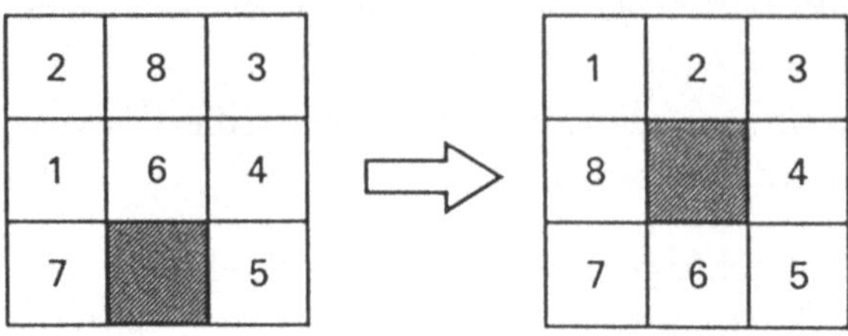

Bild C.10. Schiebe-puzzle [C.2]

Wir können Schritt (8) somit allgemeiner schreiben:

(8) Ordne die OPEN-Liste entweder gemäß eines vorgegebenen Schemas oder gemäß eines heuristischen Ansatzes.

Dieser Punkt ist bewußt allgemein gehalten, da er ausgesprochen problem-abhängig ist. Andererseits handelt es sich hier um den entscheidensten Schritt für die Effizienz eines Suchalgorithmus. In einem weiteren Schritt wird auch Punkt (7) eine ähnliche Bedeutung zukommen. Insbesondere ist eine „überschlaue" Suche zu vermeiden. Sie hält zwar den Suchgraph klein, ist aber selbst extrem aufwendig.

Als Beispiel für eine heuristische Suche sei das in Bild C.10 gezeigte Spiel-problem betrachtet. Das Schiebepuzzle besteht aus acht Plättchen und einer leeren Stelle. Man kann also jeweils ein Plättchen nach oben, unten, rechts oder links bewegen, sofern dies der Rand erlaubt. Die Lösung mit Hilfe des „breadth first"-Verfahrens (Nachfolgeoperator: Verschiebe das Plättchen nach oben, unten, rechts oder links) zeigt Bild C.11.

Ein heuristischer Ansatz könnte z.B. für $g(n)$ die Tiefe des Baums, für $h(n)$ die Anzahl der fehlplazierten Plättchen (nicht die Leerstelle mitzählen!) ver-wenden. Schritt (8) wäre dann folgendermaßen zu gestalten:

(8) Sollte sich ein Zielknoten in der OPEN-Liste befinden, so setze ihn an die erste Stelle. Andernfalls installiere dort den Knoten mit der minimalen Bewertungsfunktion $f(n)$.

Das auf diese Weise erhaltene Ergebnis zeigt Bild C.12.

Der letzte Schritt der Algorithmuserweiterung betrifft die bisherige Ein-schränkung auf Such*bäume*. Lassen wir diese fallen, so ergibt sich das Pro-blem des „backtracking", also des Zurückverfolgens des Lösungspfades vom

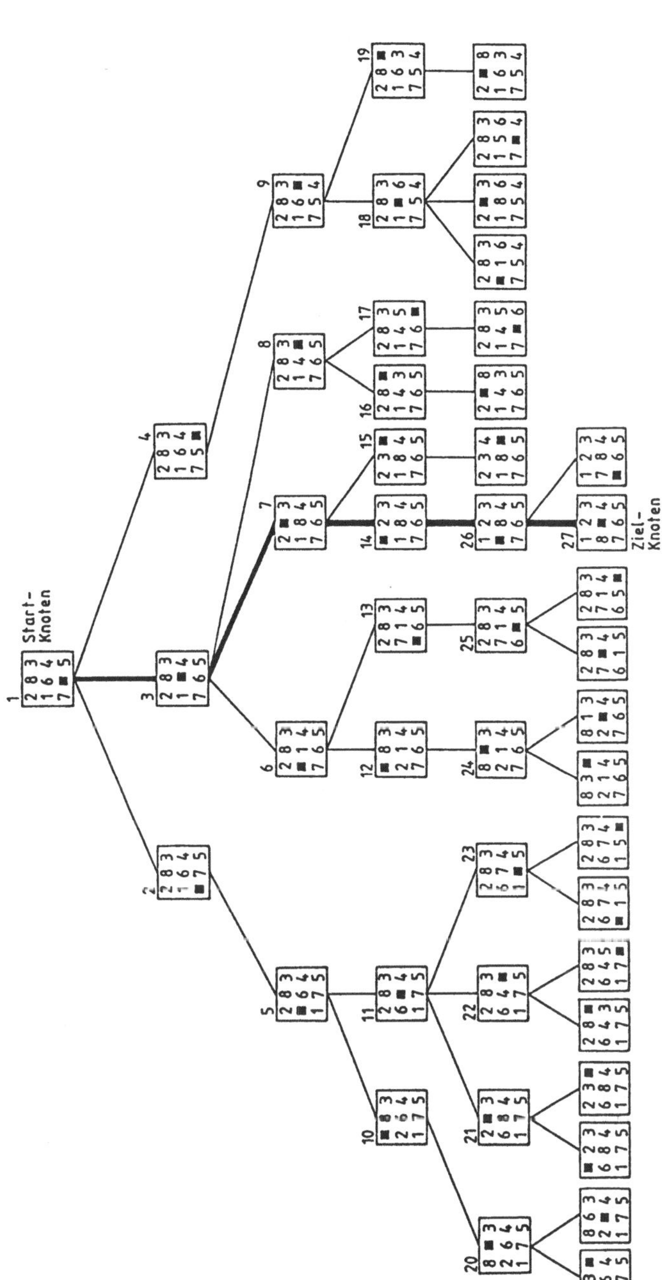

Bild C.11. Lösung des Puzzels durch eine „breadth first"-Suche [C.2]

Ziel- zum Startknoten. Bisher war dieses nicht erwähnenswert, da jeweils nur
ein Vorgängerknoten existierte. In allgemeinen Graphen können allerdings
mehrere Vorgänger existieren. Betroffen von entsprechenden Änderungen
sind die Schritte (1), (5) und insbesondere (7). Wir erhalten damit schließlich
den GRAPHSEARCH-Algorithmus. In Kombination mit den Bewertungs-
funktionen $f(n)$ bzw. $f^*(n)$ ist er bekannter unter dem Namen Algorithmus A bzw. A^*. Aus Gründen der Übersichtlichkeit wird im folgenden der
gesamte modifizierte Ablauf aufgeführt:

(1) Beginne die Generierung eines Such*graphen* G mit Hilfe des Start-
    knotens s. Generiere eine Liste der nicht expandierten Knoten OPEN
    und füge als erstes Element s ein.

(2) Generiere eine Liste der bereits expandierten Knoten namens CLOSED.
    Diese ist momentan leer, da noch keine Expansion stattfand.

(3) Wenn OPEN leer ist, dann beende fehlerhaft. Es existiert keine Lösung.

(4) Entferne den ersten Knoten aus OPEN und füge ihn an CLOSED an.
    Dieser Knoten sei n.

(5) Wenn n ein Zielknoten ist, dann verfolge den Pfad anhand der vorher
    installierten Zeiger (Schritt (7)) von n nach s zurück.

(6) Expandiere n und generiere die Menge M seiner Nachfolger, *die nicht
    seine Vorfahren sind.* Installiere die Elemente von M als Nachfolger
    von n im Graph G.

(7) (a) Wenn Elemente aus M nicht in G existieren, also weder in OPEN
        noch in CLOSED auftreten, dann

        - füge die Elemente von M *hinten* an die OPEN-Liste an und
        - generiere jeweils einen Zeiger ausgehend von diesen Elementen
          in Richtung auf ihren Ursprung n.

    (b) Wenn Elemente aus M bereits in G existieren, also bereits in
        OPEN *oder* CLOSED auftreten, dann entscheide, ob deren Zeiger
        auf n umgerichtet werden, oder in der ursprünglichen Lage ver-
        bleiben sollen.

    (c) Wenn Elemente aus M bereits in CLOSED existieren, dann ent-
        scheide, ob die Zeiger ihrer *Nachkommen* umgerichtet werden
        sollen.

(8) Ordne die OPEN-Liste entweder gemäß eines vorgegebenen Schemas oder gemäß eines heuristischen Ansatzes.

(9) Gehe zu (3).

Zu Schritt (7) bedarf es einer Anmerkung, da die Originalliteratur gewisse Diskrepanzen enthält. Nilsson geht von folgender Prämisse aus: Wenn der Graph G ein Baum ist, kann kein Knoten zweimal generiert werden. Zitat [C.2] S.65:

„If the implicit graph being searched was a tree, we could be sure that none of the successors generated in step 6 had been generated previously ... "

Angesichts der folgenden Beispiele erscheint diese Aussage verwirrend.

Blocks world: Barr/Feigenbaum [C.1] schließen die Generierung mehrerer identischer Knoten mit Hilfe des Nachfolgeoperators ausdrücklich aus. Zitat [C.1] S.47 unten:

> „Finally, the operator is not to be used to generate the same state more than once. (This last condition can be checked from the lists of expanded and unexpanded nodes.)"

Pfadproblem: Winston [C.3] macht sich über dieses Problem keine Gedanken und läßt Mehrfachgenerierungen zu (s.a. die Bilder C.7 bis C.9).

Zur Vermeidung etwaiger Schwierigkeiten sollten folgende Punkte beachtet werden:

(a) Es existieren Suchprobleme, bei denen keine Mehrfacherzeugungen auftreten (z.B. das Schiebepuzzle von Nilsson).

(b) Im Fall von Problemen, denen diese Eigenschaft *nicht* innewohnt, muß explizit entschieden werden, ob Mehrfacherzeugungen gewünscht, erlaubt oder verboten sind. Die entsprechende Entscheidung läßt sich gut in den Nachfolgeoperator einbetten und mit Hilfe des Durchsuchens von OPEN- und CLOSED-Liste realisieren.

Abschließend sei angemerkt, daß aus dem recht uneinheitlichen Bild der Suchalgorithmen Nilssons Algorithms A (bzw. A^*) als ein wichtiges Standard-Verfahren heraussticht (die Bedeutung des Sternchens * ist in einigen Veröffentlichungen (z.B. [C.1]) gegenüber der Originalnomenklatur vertauscht). Neben Nilssons Algorithmus existieren weitere wichtige Suchstrategien, die hier nicht benutzt werden (z.B. „branch-and-bound", [C.3]).

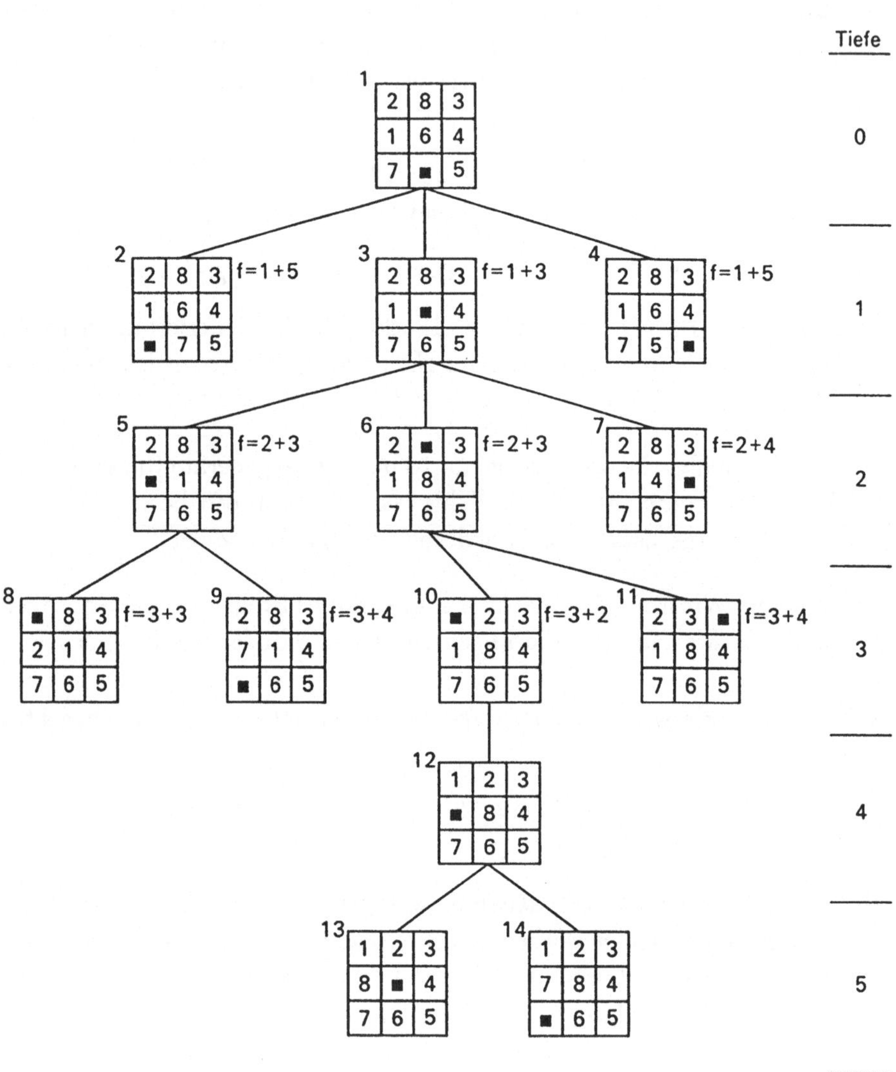

Bild C.12. Lösung des Puzzels mittels heuristischer Suche

Literatur zu Anhang C

[C.1] Barr, A.; Feigenbaum, E.A.: The handbook of artificial intelligence, vol.I. Los Altos, CA: William Kaufmann 1981.

[C.2] Nilsson, N.: Principles of artificial intelligence. Berlin, Heidelberg, New York, Tokyo: Springer 1982

[C.3] Winston, P.H.: Artificial intelligence. Reading, MA: Addison-Wesley 1977

D Dynamische Programmierung

Die dynamische Programmierung (DP) ist ein Werkzeug zur Ermittlung des Minimums bzw. des Maximums einer Funktion, die mit den Mitteln der Analysis nicht mehr handhabbar ist [D.3]. Dazu wird das Gesamtproblem zerlegt und die Einzelprobleme im Hinblick auf das Gesamtproblem gelöst. Bellman formuliert die rekursive Lösungsstrategie folgendermaßen [D.1]:

> „An optimal policy has the property that, whatever the initial state and initial decision are, the remaining decisions must constitute an optimal policy with respect to the state resulting from the first decision".

Ein typisches Beispiel zeigt Bild D.1. Ein Problem sei in Form eines Graphen definiert (siehe Anhang C), dessen Startknoten A (Level 8) und dessen Zielknoten B (Level 0) ist. Zwischen ihnen liegen die Knoten a bis v. Den einzelnen Bögen ist eine Zahl zugeordnet, die die Nützlichkeit quantifiziert. So ist z.B. der Weg von s nach p nützlicher (7) als derjenige von t nach p (6). Aufgabe ist die Ermittlung des nützlichsten *Gesamt*weges. Hierzu könnte man sämtliche $(5 + 3)!/3!5! = 56$ Wege (bestehend jeweils aus acht Bögen) inspizieren. Eleganter (und natürlich weniger aufwendig) ist die Lösung mit Hilfe der DP.

Diese beginnt am *Zielknoten* (Level 0) und ermittelt jeweils die Nützlichkeit der Wege von Level 1 zu diesem. Die entsprechende Zahl wird eingekreist und mit einem Richtungspfeil versehen. Im zweiten Schritt ermittelt man die Nützlichkeit der Wege von Level 2 nach Level 1 *unter Berücksichtigung der im vorhergehenden Schritt ermittelten Werte*. Die jeweils größten Werte werden wiederum eingekreist. So kann man z.B. vom Knoten d (Level 2) aus die Knoten a und b (Level 1) erreichen. Die Wahl des Weges über a ergibt die Nützlichkeit 10, derjenige über b hingegen den Wert 11 und ist somit günstiger. Diese Prozedur wird für jeden Knoten von Ebene zu Ebene vollzogen. Am Startknoten angelangt, kann man unmittelbar den günstigsten

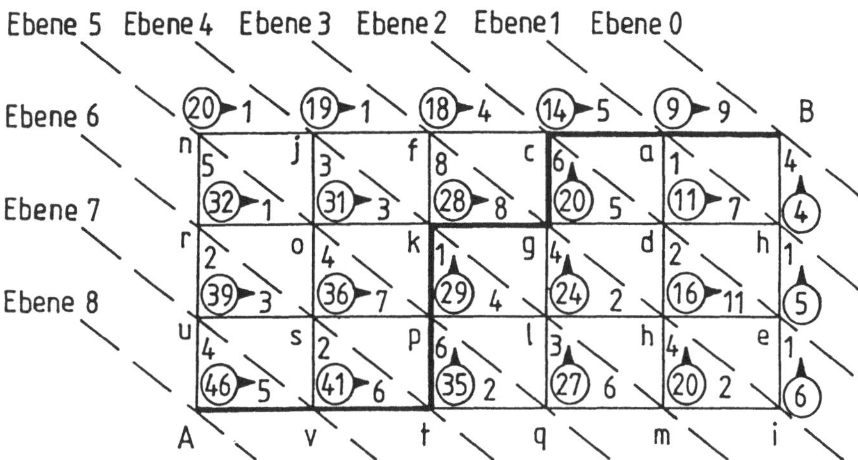

Bild D.1. Problem des günstigsten Pfades von A nach B [D.4]

Weg zum Zielknoten zurückverfolgen („backtracking"). In Bild D.1 ist er fett eingezeichnet.

Bild D.2 zeigt die gleiche Ursprungssituation. Dabei sind die Bogenbewertungen als *Kosten* definiert und somit wird der Weg der geringsten Kosten gesucht. Die Vorgehensweise der Optimierung ist ansonsten äquivalent zu der oben beschriebenen.

Die Übertragung dieser Strategie auf ein technisches Problem sei an folgendem Beispiel gezeigt. Ein Flugzeug soll ausgehend von einer Höhe h_0 und einer Geschwindigkeit v_0 seine Reisehöhe sowie Reisegeschwindigkeit mit minimalem Kraftstoffverbrauch erreichen. Trägt man nun in der Vertikalen die (quantisierte) Höhe, in der Horizontalen die (quantisierte) Geschwindigkeit und an den Bögen den jeweiligen Treibstoffverbrauch auf, so kann man das Problem (und seine Lösung) direkt auf den in Bild D.1 gezeigten Graph übertragen.

Serielle Optimierungsprobleme

Manche Probleme lassen sich allerdings nicht auf das obige Schema übertragen. Deshalb geben wir nun eine allgemeinere Beschreibung der DP. Die Nomenklatur lehnt sich an diejenige Martellis [D.2] an. Gegeben sei eine

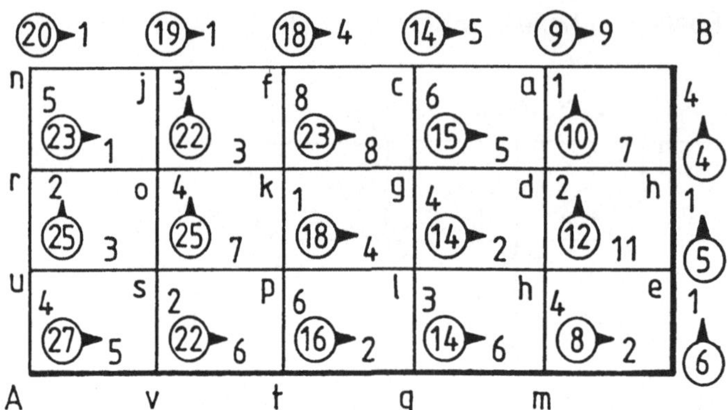

Bild D.2. Ausgehend vom Beispiel in Bild D.1 wird der Weg der geringsten Kosten gesucht [D.4]

Zielfunktion $f(x_1, x_2, \ldots, x_N)$, deren Variablen x_i nur diskrete Werte annehmen können ($0 \leq x_i \leq l_i$, $i = 1, \ldots, N$). Gesucht ist nun

$$\min_{x_i} f(x_1, x_2, \ldots, x_N) \qquad \text{bzw.} \qquad \max_{x_i} f(x_1, x_2, \ldots, x_N).$$

Nimmt die Zielfunktion die Form

$$f(x_1, x_2, \ldots, x_N) = f_1(x_1, x_2) + f_2(x_2, x_3) + \ldots + f_{N-1}(x_{N-1}, x_N)$$

an, dann handelt es sich um ein *serielles Optimierungsproblem*, das mit Hilfe der *seriellen* DP gelöst werden kann. Hierzu betrachte man folgende Rekursion

$$h_1(x_1) = 0$$

$$h_{k+1}(x_{k+1}) = \min_{0 \leq x_k \leq l_k} h'_{k+1}(x_k, x_{k+1})$$

$$\text{mit} \quad h'_{k+1}(x_k, x_{k+1}) = f_k(x_k, x_{k+1}) + h_k(x_k)$$

$$k = 1, \ldots, N-1$$
$$0 \leq x_{k+1} \leq l_{k+1}.$$

Nach jeder Iteration müssen $h_{k+1}(x_{k+1})$ und die zugehörigen minimierenden x_k gespeichert werden. Ist die letzte Iteration abgeschlossen, beginnt das „backtracking":

Letzte Iteration: Suche den minimalen Wert $h_N(x_N)$, sowie das zugehörige x_{N-1}.

Vorletzte Iteration: Suche den minimalen Wert $h_{N-1}(x_{N-1})$, sowie das zugehörige x_{N-2}.

.

.

.

Ist die erste Iteration erreicht, so ist die gesamte Prozedur abgeschlossen. Das folgende einfache Beispiel soll diesen Vorgang veranschaulichen. Die Funktion

$$f(x_1, x_2, x_3, x_4) = f_1(x_1, x_2) + f_2(x_2, x_3) + f_3(x_3, x_4)$$

ist zu *maximieren*. Die Realisierungen der drei Funktionen zeigt Bild D.3 links. Der Lösungsweg verläuft wie folgt

Iteration 1:

$$h_1(x_1) = 0$$

Iteration 2:

$$h_2(x_2) = \max_{x_1} h_2'(x_1, x_2) = \max_{x_1}[f_1(x_1, x_2) + h_1(x_1)]$$

Für die $h_2'(x_1, x_2)$ erhält man

$$h_2'(0,1) = f_1(0,1) + 0 = 5$$
$$h_2'(1,1) = f_1(1,1) + 0 = 2$$
$$h_2'(2,1) = f_1(2,1) + 0 = 6$$

$$h_2'(0,2) = f_1(0,2) + 0 = 7$$
$$h_2'(1,2) = f_1(1,2) + 0 = 1$$
$$h_2'(2,2) = f_1(2,2) + 0 = 3$$

$$h_2'(0,3) = f_1(0,3) + 0 = 3$$
$$h_2'(1,3) = f_1(1,3) + 0 = 8$$
$$h_2'(2,3) = f_1(2,3) + 0 = 3.$$

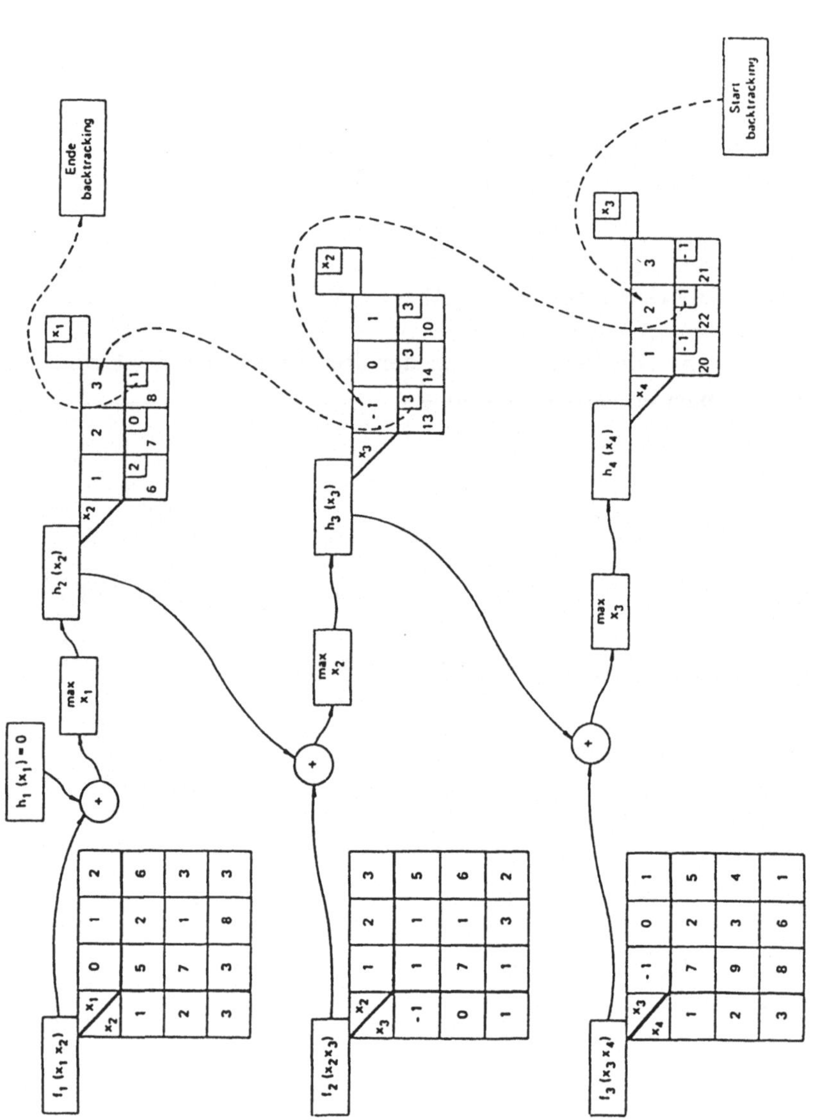

Bild D.3. Beispiel für eine Problemlösung mittels serieller dynamischer Programmierung

Somit sind für die $x_2 \in \{1,2,3\}$ folgende $h_2(x_2)$, sowie die zugehörigen x_1 abzuspeichern:

x_2	$h_2(x_2)$	x_1
1	6	2
2	7	0
3	8	1

Iteration 3:

$$h_3(x_3) = \max_{x_2} h_3'(x_2, x_3) = \max_{x_2}[f_2(x_2, x_3) + h_2(x_2)]$$

Die $h_3'(x_2, x_3)$ ergeben sich als

$$
\begin{aligned}
h_3'(1,-1) &= f_2(1,-1) + h_2(1) = 1+6 = \ \ 7 \\
h_3'(2,-1) &= f_2(2,-1) + h_2(2) = 1+7 = \ \ 8 \\
h_3'(3,-1) &= f_2(3,-1) + h_2(3) = 5+8 = 13
\end{aligned}
$$

$$
\begin{aligned}
h_3'(1,0) &= f_2(1,0) \ \ + h_2(1) = 7+6 = 13 \\
h_3'(2,0) &= f_2(2,0) \ \ + h_2(2) = 1+7 = \ \ 8 \\
h_3'(3,0) &= f_2(3,0) \ \ + h_2(3) = 6+8 = 14
\end{aligned}
$$

$$
\begin{aligned}
h_3'(1,1) &= f_2(1,1) \ \ + h_2(1) = 1+6 = \ \ 7 \\
h_3'(2,1) &= f_2(2,1) \ \ + h_2(2) = 3+7 = 10 \\
h_3'(3,1) &= f_2(3,1) \ \ + h_2(3) = 2+8 = 10.
\end{aligned}
$$

Für die $x_3 \in \{-1,0,1\}$ sind also folgende $h_3(x_3)$, sowie die zugehörigen x_2 abzuspeichern:

x_3	$h_3(x_3)$	x_2
-1	13	3
0	14	3
1	10	3

Iteration 4:

$$h_4(x_4) = \max_{x_3} h_4'(x_3, x_4) = \max_{x_3}[f_3(x_3, x_4) + h_3(x_3)]$$

Die $h'_4(x_3, x_4)$ sind dann

$$
\begin{aligned}
h'_4(-1,1) &= f_3(-1,1) + h_3(-1) = 7 + 13 = 20 \\
h'_4(0,1) &= f_3(0,1) + h_3(0) = 2 + 14 = 16 \\
h'_4(1,1) &= f_3(1,1) + h_3(1) = 5 + 10 = 15 \\[2mm]
h'_4(-1,2) &= f_3(-1,2) + h_3(-1) = 9 + 13 = 22 \\
h'_4(0,2) &= f_3(0,2) + h_3(0) = 3 + 14 = 17 \\
h'_4(1,2) &= f_3(1,2) + h_3(1) = 4 + 10 = 14 \\[2mm]
h'_4(-1,3) &= f_3(-1,3) + h_3(-1) = 8 + 13 = 21 \\
h'_4(0,3) &= f_3(0,3) + h_3(0) = 6 + 14 = 20 \\
h'_4(1,3) &= f_3(1,3) + h_3(1) = 1 + 10 = 11.
\end{aligned}
$$

Also sind für die $x_4 \in \{1, 2, 3\}$ folgende $h_4(x_4)$, sowie die zugehörigen x_3 abzuspeichern:

x_4	$h_4(x_4)$	x_3
1	20	-1
2	22	-1
3	21	-1

Das „backtracking" beginnt mit der Suche des maximalen $h_4(x_4)$. Das Maximum tritt auf für

$$
h_4(x_4 = 2) = 22 \qquad \text{mit} \qquad x_3 = -1.
$$

Aus der gespeicherten Tabelle für $h_3(x_3 = -1)$ erhält man $x_2 = 3$ und aus der Tabelle für $h_2(x_2 = 3)$ erhält man $x_1 = 1$. Bild D.3 zeigt den gesamten Vorgang im Überblick, Bild D.4 die zugehörige Graphdarstellung.

Nichtserielle Optimierungsprobleme

Die seriellen Optimierungsprobleme waren durch die Verkettung von jeweils zwei Teilfunktionen gekennzeichnet. Das Ignorieren dieser Bedingung führt zu nichtseriellen Optimierungsproblemen. So ist z.B. in der zu minimierenden Gesamtfunktion

$$
f(x_1, x_2, x_3, x_4, x_5) = f_1(x_1, x_2) + f_2(x_2, x_3) + f_3(x_1, x_4) + f_4(x_3, x_4, x_5)
$$

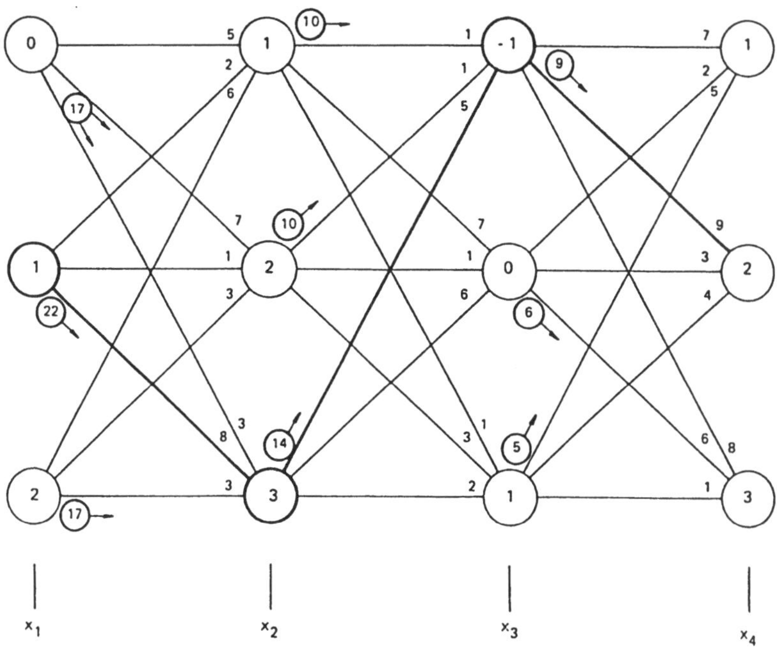

Bild D.4. Graphdarstellung des Problems aus Bild D.3

f_1 mit f_2 *und* f_3 verkettet. Zur Visualisierung dieser Abhängigkeiten benutzt man Interaktionsgraphen (Bild D.5a). Die Knoten V_i repräsentieren die entsprechenden Variablen x_i. Die Bögen verbinden Variablen, die in einer Teilfunktion gemeinsam auftreten. Die Optimierung erfolgt durch eine aufeinanderfolgende Eliminierung der Variablen. Für das obige Beispiel erhält man:

$$
\begin{aligned}
f(x_1, x_2, x_3, x_4, x_5) &= f_1(x_1, x_2) + f_2(x_2, x_3) + f_3(x_1, x_4) + f_4(x_3, x_4, x_5) \\
f(x_2, x_3, x_4, x_5) &= \min_{x_1} f(x_1, x_2, x_3, x_4, x_5) \\
&= h_1(x_2, x_4) + f_2(x_2, x_3) + f_4(x_3, x_4, x_5) \\
f(x_3, x_4, x_5) &= \min_{x_2} f(x_2, x_3, x_4, x_5) \\
&= h_2(x_3, x_4) + f_4(x_3, x_4, x_5) \\
f(x_4, x_5) &= \min_{x_3} f(x_3, x_4, x_5) \\
&= h_3(x_4, x_5).
\end{aligned}
$$

Die entsprechenden Modifikationen des Interaktionsgraphen zeigen die Bilder D.5b bis Bild D.5d. Die Reihenfolge der Eliminierung (hier x_1, x_2, x_3, x_4)

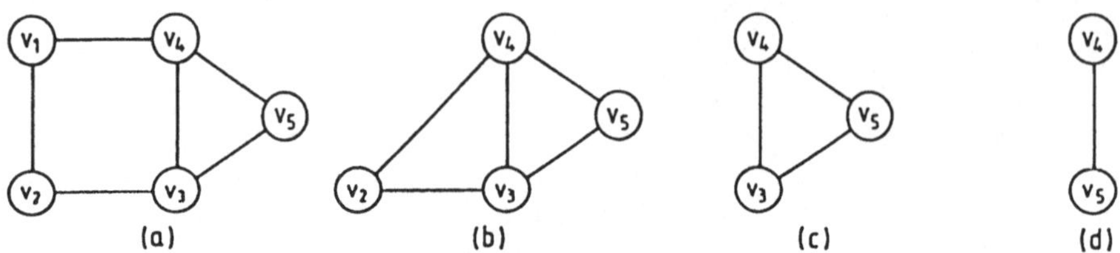

Bild D.5. Beispiele von Interaktionsgraphen

ist entscheidend für die Rechenzeit und den Speicherbedarf des gesamten Prozesses [D.2]. Dieser Aspekt wird hier nicht untersucht.

Der exakte Ablauf des Optimierungsverfahrens wird an einem Zahlenbeispiel erläutert. Eine Realisierung der Funktionen f_1 bis f_4 zeigt Bild D.6 links. Der Lösungsweg verläuft wie folgt.

Iteration 1:

$$f(x_2, x_3, x_4, x_5) \;=\; \min_{x_1} f(x_1, x_2, x_3, x_4, x_5)$$

$$=\; h_1(x_2, x_4) + f_2(x_2, x_3) + f_4(x_3, x_4, x_5)$$

$$h_1(x_2, x_4) = \min_{x_1} h_1'(x_1, x_2, x_4) = \min_{x_1}[f_1(x_1, x_2) + f_3(x_1, x_4)].$$

Für die $h_1'(x_1, x_2, x_4)$ ergeben sich:

x_1	x_2	x_4	$f_1(x_1, x_2)$	$f_3(x_1, x_4)$	$h_1'(x_1, x_2, x_4)$
0	0	0	2	3	5
0	0	1	2	1	3
0	1	0	6	3	9
0	1	1	6	1	7
1	0	0	5	4	9
1	0	1	5	5	10
1	1	0	1	4	5
1	1	1	1	5	6

Es sind also die folgenden $h_1(x_2, x_4)$, sowie die zugehörigen x_1 abzuspeichern:

x_2	x_4	$h_1(x_2, x_4)$	x_1
0	0	5	0
0	1	3	0
1	0	5	1
1	1	6	1

Iteration 2:

$$f(x_3, x_4, x_5) = \min_{x_2} f(x_2, x_3, x_4, x_5)$$
$$= h_2(x_3, x_4) + f_4(x_3, x_4, x_5)$$

$$h_2(x_3, x_4) = \min_{x_2} h_2'(x_2, x_3, x_4) = \min_{x_2}[h_1(x_2, x_4) + f_2(x_2, x_3)].$$

Für die $h_2'(x_2, x_3, x_4)$ erhält man:

x_2	x_3	x_4	$h_1(x_2, x_4)$	$f_2(x_2, x_3)$	$h_2'(x_2, x_3, x_4)$
0	0	0	5	3	8
0	0	1	3	3	6
0	1	0	5	5	10
0	1	1	3	5	8
1	0	0	5	4	9
1	0	1	6	4	10
1	1	0	5	2	7
1	1	1	6	2	8

Also sind die folgenden $h_2(x_3, x_4)$, sowie die zugehörigen x_2 abzuspeichern:

x_3	x_4	$h_2(x_3, x_4)$	x_2
0	0	8	0
0	1	6	0
1	0	7	1
1	1	8	0; 1

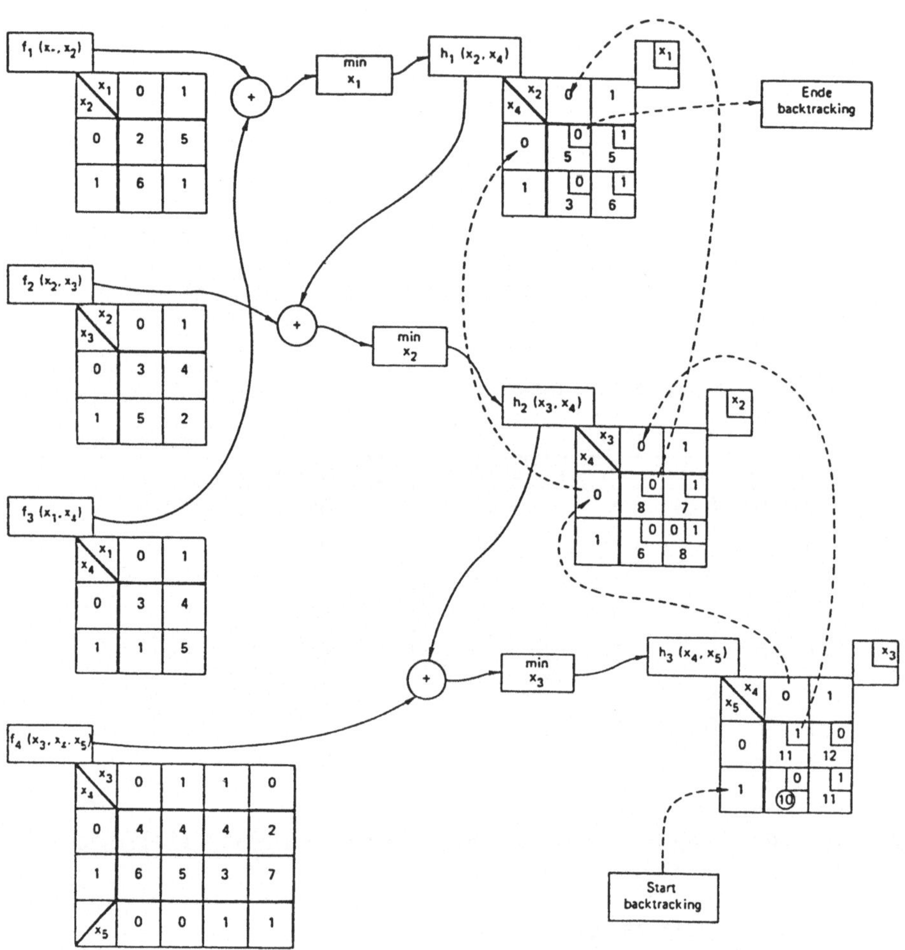

Bild D.6. Beispiel für die Lösung eines Problems mittels nichtserieller dynamischer Programmierung

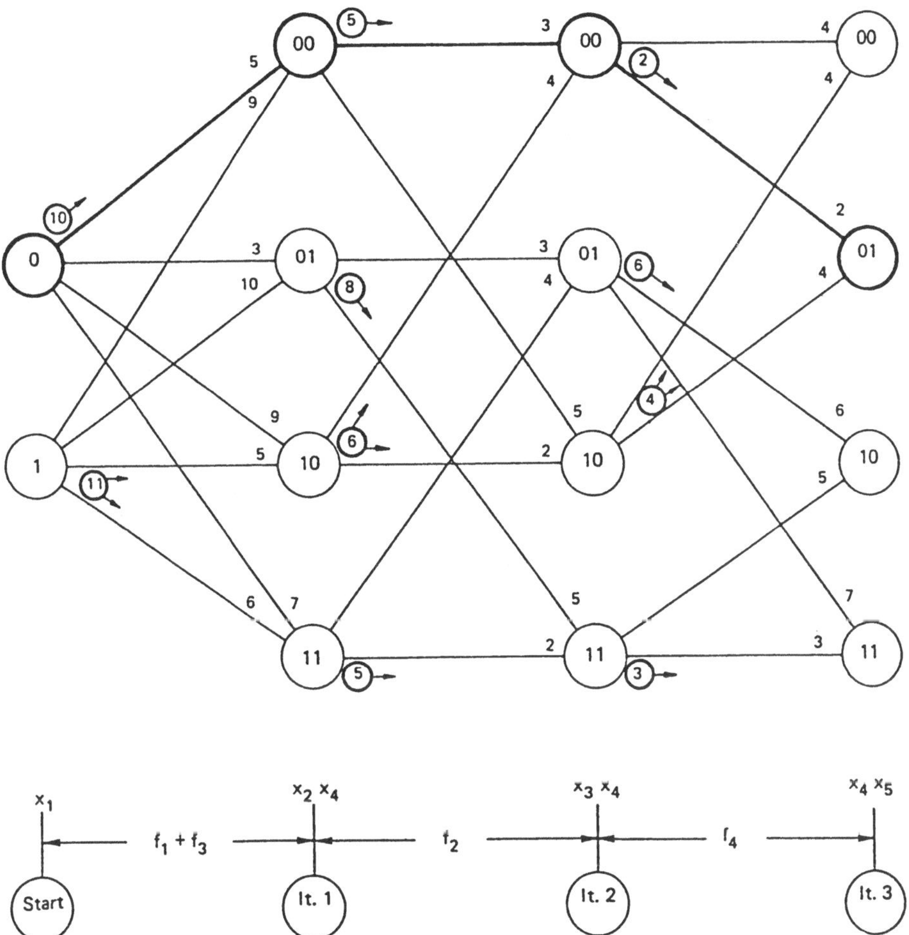

Bild D.7. Graphdarstellung des Beispiels aus Bild D.6

Iteration 3:

$$f(x_4, x_5) = \min_{x_3} f(x_3, x_4, x_5)$$
$$= h_3(x_4, x_5)$$

$$h_3(x_4, x_5) = \min_{x_3} h_3'(x_3, x_4, x_5) = \min_{x_3}[h_2(x_3, x_4) + f_4(x_3, x_4, x_5)].$$

Man erhält für die $h_3'(x_3, x_4, x_5)$:

x_3	x_4	x_5	$h_2(x_3, x_4)$	$f_4(x_3, x_4, x_5)$	$h_3'(x_3, x_4, x_5)$
0	0	0	5	3	12
0	0	1	3	3	10
0	1	0	5	5	12
0	1	1	3	5	13
1	0	0	5	4	11
1	0	1	6	4	11
1	1	0	5	2	13
1	1	1	6	2	11

Schließlich sind folgende $h_3(x_4, x_5)$, sowie die zugehörigen x_3 abzuspeichern:

x_4	x_5	$h_3(x_4, x_5)$	x_3
0	0	11	1
0	1	10	0
1	0	12	0
1	1	11	1

Zum „backtracking" sucht man zunächst nach dem minimalen $h_3(x_4, x_5)$. Dieses Minimum (10) tritt ein für

$$h_3(x_4 = 0, x_5 = 1) = 10 \qquad \text{mit} \qquad x_3 = 0.$$

Die gespeicherten Tabellen enthalten für $h_2(x_3 = 0, x_4 = 0)$ den Wert $x_2 = 0$ und für $h_1(x_2 = 0, x_3 = 0)$ den Wert $x_1 = 0$. Der gesamte Vorgang im Überblick ist in Bild D.6 und als Graph in Bild D.7 dargestellt.

Zur Graphdarstellung bedarf es einer Anmerkung hinsichtlich der Bögen des Graphen:

- Verbunden werden Knoten, in denen gleiche Variablen identische Werte annehmen (z.B. Knoten 00 (Iteration 1) wird mit den Knoten 00 und 10 (Iteration 2) verbunden).

- Die Kosten bestimmen sich aus den Kosten der Teilfunktionen, die im jeweiligen Schritt an der Eliminierung beteiligt sind. Für Iteration 1 sind das $f_1(x_1, x_2)$ und $f_3(x_1, x_4)$, für Iteration 2 $f_2(x_2, x_3)$ sowie für Iteration 3 $f_4(x_3, x_4, x_5)$.

Literatur zu Anhang D

[D.1] Bellman, R.; Dreyfus S.: Applied dynamic programming. Princeton Univ. Press, Princeton, 1962.

[D.2] Martelli, A.: An application of heuristic search methods to edge and contour detection. Comm. ACM 19 (1976) 73-83

[D.3] Neufville, R. de; Stafford, J.H.: Systems analysis for engineers and managers. New York: McGraw-Hill 1971

[D.4] Rubinstein, M.F.: Patterns of problem solving. Englewood Cliffs, NJ: Prentice-Hall 1975

Sachregister

F. Wahl

Digitale Bildsignalverarbeitung

Grundlagen, Verfahren, Beispiele

1984. 85 Abbildungen. X, 191 Seiten. (Nachrichtentechnik, Band 13). DM 78,–. ISBN 3-540-13586-3

Inhaltsübersicht: Einführung. – Grundlagen zweidimensionaler Signale und Systeme. – Bildverbesserungsverfahren. – Bildrestaurationsverfahren. – Segmentierung. – Signalorientierte Bildanalyse. – Anhang. – Literaturverzeichnis. – Sachverzeichnis.

Moderne Rechner machen es möglich, zweidimensionale Signale – also Bilder – digital zu analysieren und zu verarbeiten. Die digitale Bildsignalverarbeitung gewinnt daher zunehmend an Bedeutung und wird in naher Zukunft eine große Zahl von Anwendungen finden, darunter in der Physik, in der Medizin, in den Geowissenschaften, aber auch allgemein in der Industrie, wie beispielsweise in der Fertigungstechnik und Automation.

In den letzten Jahren und Jahrzehnten sind viele Verfahren oder Algorithmen zur digitalen Bildverabeitung erfunden und entwickelt worden. Der Autor stellt – im deutschen Sprachraum erstmalig – diese Algorithmen zusammenfassend dar, wobei ihre Wirkungen und Eigenschaften anhand von typischem Bildmaterial veranschaulicht werden. Er ermöglicht somit kritische Vergleiche der heute verfügbaren Methoden.
Das Buch führt in die signalorientierten Aspekte der digitalen Bildverarbeitung ein. Neben signal- und systemtheoretischen Grundlagen werden Verfahren der Bildverbesserung, Bildrestauration, Segmentierung und Bildanalyse behandelt. Das Buch ist so abgefaßt, daß dem Leser ein Basiswissen auf diesem jungen, an Bedeutung stark zunehmenden Fachgebiet geboten wird. Angesprochen sind damit Studierende der Ingenieurwissenschaften, praktizierende Ingenieure und interdisziplinär arbeitende Wissenschaftler.

Springer-Verlag
Berlin Heidelberg New York
London Paris Tokyo Hong Kong

C.-E. Liedtke, M. Ender

Wissensbasierte Bildverarbeitung

1989. 83 Abbildungen. Etwa 230 Seiten. (Nachrichten-technik, Band 19). Broschiert DM 78,–.
ISBN 3-540-50641-1

Inhaltsübersicht: Einführung in die digitale Bildverarbeitung. – Prozeduren der digitalen Bildverarbeitung. – Bedeutungszuweisung. – Wissensdarstellung und Wissensnutzung. – Anwendungsbeispiel. – Literatur. – Sachverzeichnis.

Die digitale Bildverarbeitung steht an der Schwelle einer breiten Einführung in vielen Anwendungsgebieten, insbesondere im Zusammenhang mit Automatisierungsaufgaben. Das Buch behandelt die grundlegenden Aspekte und die Vorgehensweise bei der automatischen Analyse von Einzelbildern und Bildfolgen mit Hilfe digitaler informationsverarbeitender Systeme. Eine Besonderheit stellt die Einbeziehung neuartiger Verfahren der expliziten Wissensrepräsentation und Wissensnutzung dar, die in letzter Zeit aus dem Bereich der Künstlichen Intelligenz bekannt geworden sind. Der Text basiert auf einer langjährigen Vorlesung an der Universität Hannover für Studenten des Studiengangs Elektrotechnik. Das wesentliche Ziel besteht darin, die generellen Zusammenhänge zwischen Bildverarbeitung, Mustererkennung und den Verfahren der Nutzung explizit formulierter Wissensinhalte zu verdeutlichen und an einem aktuellen Anwendungsbeispiel aus der Industrieautomatisierung zu illustrieren.

Springer-Verlag
Berlin Heidelberg New York
London Paris Tokyo Hong Kong